TROISIÈME LETTRE

A M. LE RÉDACTEUR DU JOURNAL DES DÉBATS

SUR LA SUITE

DES AFFAIRES PUBLIQUES,

Par N. A. DE SALVANDY.

PARIS,

A. SAUTELET ET C°, LIBRAIRES,

PLACE DE LA BOURSE.

25 Juillet 1827.

TABLE DES MATIÈRES.

TROISIÈME LETTRE

A

M. LE RÉDACTEUR DU JOURNAL DES DÉBATS.

———————

MONSIEUR,

Les semaines s'écoulent, et chaque jour m'apporte, comme des tributs fidèles, de nouveaux argumens et des faits de plus à l'appui de cette thèse, facile mais douloureuse à défendre encore dans notre vieille France ; cette thèse consacrée ailleurs par l'autorité de l'expérience et des lois ; cette thèse simple et décisive, que la censure est incompatible avec la Charte, que l'introduction de l'arbitraire dans le régime de la presse sollicite l'établissement de l'arbitraire dans le Gouvernement tout entier, que ce premier coup d'état mène, en effet, par une pente inévitable, à des attentats plus grands, qu'ainsi la Restauration est faussée dans ses maximes, démentie dans ses promesses, ébranlée dans ses appuis ; car l'ère du système représentatif fuit loin de nous, et à la place s'annonce, pour prendre en main la conduite de nos destinées, une profonde et violente réaction.

S'il fallait des démonstrations prises dans un ordre de considérations nouveau, celle-ci frapperait apparemment les esprits graves : c'est que la modération et la sagesse, ces principes souverains auxquels seuls ap-

1

partient le droit de gouverner les nations, sont de toute
nécessité appelées au maniement de l'arbitraire dans
les états despotiques, sont de toute nécessité exclues
du maniement de l'arbitraire, là où les formes de la
liberté vivent encore. Au sein des monarchies absolues,
le pouvoir, et tout ce qui émane de lui, est calme
comme la sécurité, et mesuré comme la prudence,
en d'autres termes, impartial comme la force. Aux prises
avec le nom et l'ombre même d'un ordre légal, la
censure sera passionnée, inique, vindicative, brutale,
comme tous les partis belligérans, comme toutes les
puissances inquiètes pour leur lendemain.

La censure d'une monarchie constitutionnelle doit
être la plus oppressive et la plus sotte qu'il y ait sur la
terre, pour une foule de raisons et entre autres celle-ci:
c'est qu'elle joint les grandes passions de ses auteurs
aux petites haines, aux petites colères de leurs obscures
manœuvres.

Chargé d'une mission d'ordre et de paix, responsable d'ailleurs devant le seul tribunal de ses maîtres,
le censeur des autocraties n'a rien à démêler avec la
presse qui lui est soumise. C'est un champ dont il ar-
rache, docile moissonneur, les herbes condamnées.
La glèbe qu'il foule, la tige qu'il fauche, ne crie point
sous ses pas, et sa conscience ne crie pas davantage
contre lui; car il n'exerce qu'un pouvoir conforme
aux sermens et aux institutions de son pays. Parmi
nous, tout change. Le champ que le malheureux censeur exploite est pour lui comme cette plaine de Thèbes
hérissée de dragons qui renaissent sous ses coups et
le percent de part en part de leurs dards impitoyables.
Ce faiseur de silence travaille sous les cris multipliés

de la réprobation publique. Ceux qu'il doit mutiler le lacèrent'et le déchirent au cœur; ils sont cruels; ils sont injustes; ils le méprisent beaucoup plus que de raison. Empêchez ensuite un tel homme d'avoir l'ame ouverte à des sentimens haineux contre la pensée, à des besoins de vengeance contre la presse! Si nul fiel n'était en eux, ces malheureux journaliers seraient plus que des mortels; et même, s'il faut en croire le poète, plus que des dieux. On ne saurait l'espérer. Leurs maîtres mêmes ne peuvent pas le prétendre. Après tout ils sont hommes. On n'a pas le droit de leur commander la modération au milieu des assauts de l'effervescence qui les entraîne; ce serait mettre à trop haut prix leur gagne-pain.

Je raisonne ici, monsieur, comme si la modération était dans les vœux et dans les instructions des arbitres suprêmes de la censure. En effet, averti par la presse libre de ses fautes, de ses emportemens prématurés dans l'exploitation de la presse esclave, le ministère, pendant le cours de la semaine qui vient de s'écouler, a voulu revenir à la censure débonnaire. Vous avez pu, monsieur, colorer, d'une nuance légère de blâme le récit des destitutions multipliées qui viennent de bouleverser l'Opéra. Un autre journal a pu révoquer en doute la légalité de l'établissement des lazaristes. Mais gardons-nous de nous y méprendre! Ce sont là des efforts surhumains, ce sont des complaisances perfides, des complaisances meurtrières comme celles de ces femmes de Madrid qui accordaient aux défenseurs de la cause qu'elles haïssaient des caresses empoisonnées, qui, plus tard, les faisaient mourir. Ce sont des retours à cette politique du *Moniteur*, qui promet la liberté

dans l'espoir d'obtenir des chambres la tyrannie. Il
n'est pas un des mots audacieux qu'on a permis au sujet
de tel théâtre ou de tel monastère, qui ne soient des-
tinés à être appelés contre vous et contre notre droit
public en témoignage, lorsque le jour des discussions
parlementaires sera venu. Croyez bien que sous la patte
de velours la griffe se fera toujours sentir.

C'est que cette griffe homicide est dans la nature
du ministère. Il ne dépend pas de lui de s'en dés-
armer.

M. de Fontanes m'a conté ; il y a bien des années,
qu'après de vifs débats, suscités, il vous en souvient,
dans l'Académie française, par une protestation élo-
quente et imprévue contre les souvenirs révolution-
naires, Napoléon, croisant les mains, s'écria : « Pauvre
France, combien tu as besoin d'un tuteur ! » Il y avait
dans ce mot tout le génie du despotisme et aussi toute
sa vertu. Le pouvoir absolu doit marcher entre les
factions comme un médiateur puissant. C'est une
neutralité armée.

Où donc sont les titres du ministère, pour nous pro-
poser la conciliation de sa toute-puissance? Le combat
des partis est dans notre droit, dans le droit que la
Charte a reconnu plutôt que fondé. Où est le prétexte
du ministère, pour nous imposer la paix du despotisme? La lutte des partis est sans effervescence et
sans danger; pour mieux dire, il n'y a plus lutte entre
les partis contraires, il n'y a que la lutte calme et
légale de tous contre trois hommes. Où est la
vertu du ministère, pour nous parler de sa tutelle?
Il n'est point impartial entre les factions; il n'est
point équitable; il n'est point modéré. Modéré,

juste, impartial, s'il l'était, il n'aurait pas eu besoin, pour jouir en paix de sa puissance, de contraindre la patrie à se taire, et la Restauration à se démentir! Ne l'étant pas, comment se portera-t-il pour juge, pour tuteur? Pour juge du camp un champion! Pour tuteur un ennemi! Non, non, ce ne sont point là des chances qu'on propose aux nations. Une médiation semblable serait un combat sans égalité; une semblable tutelle, une tyrannie sans justice, sans pitié, sans sagesse!

La passion funeste qui a jeté les conseillers du trône dans les témérités, les y maintiendra. Les fautes qui ont fait l'usurpation, en régleront l'usage. On ne passe pas par le temple de Baal pour arriver aux autels du vrai Dieu.

Ces assertions vont recevoir la sanction des faits. Pour prouver que le régime de la censure était une campagne commencée contre la Charte, j'ai fait voir qu'il n'y avait pas un article de la Charte, pas une de ses maximes, pas une de ses garanties, pas une de ses créations, que les censeurs n'eussent déjà vingt fois méconnues et outragées. Les lois, les compagnies, les les personnes, tout a été traité avec une colère égale. Pour ce qui est du principe même de la monarchie constitutionnelle, il est trop manifeste que l'oppression de la pensée publique en est profondément subversive.

Maintenant, les suppressions de la censure vont vous fournir, Monsieur, un autre ordre de découvertes. Vous allez découvrir aisément, par ce qu'il n'a pas été permis aux journaux de dire dans cette semaine de patelinage et de ménagemens, ce que pense, ce que veut l'administration qui nous revendique pour ses pupilles. Vous reconnaîtrez sans peine qu'elle prétend s'attaquer à tous les intérêts, aussi bien qu'à toutes les institutions que protège le serment de Reims. Dans ces rognures éparses, tous les penchans et, si on peut parler ainsi, tous les appétits du ministère se montrent essentiellement opposés aux affections, aux vœux, aux doctrines, aux besoins de la France; de sorte que sa politique, contraire à l'essence de la Charte, n'est pas moins contraire à l'essence du pouvoir absolu. Car son pouvoir serait à la fois une révolution et une tyrannie; ce serait des tyrannies et des révolutions la pire, et aussi, grace à Dieu, la plus impraticable : ce serait une profonde et folle réaction.

POLITIQUE DU MINISTÈRE.

EXTÉRIEUR.

INDES ORIENTALES.

Nos lois proscrivent l'arbitraire. Nos sentimens le condamnent. Le ministère l'aime, le protège, l'embrasse à trois mille lieues de nous. L'extrait suivant du *Times* a été retranché dans *le Constitutionnel*:

La *Gazette de Maurice* publie quelques actes arbitraires sur le gouvernement de Pondichéry; en voici un extrait:

« Le gouverneur, voulant assurer la subsistance du pays pendant la disette des années précédentes, avait destiné à l'usage des habitans une certaine quantité de riz qu'on vendait 27 pagodes la mesure. L'abondance ayant reparu avec les pluies, le riz tomba à 17 et 16 pagodes. Il en résulta une perte sur les achats du gouvernement, et il voulut se faire indemniser par les habitans. Les premières notabilités du pays représentèrent que, les années précédentes ayant été avantageuses au gouvernement, il était juste qu'il supportât les pertes actuelles : pour toute réponse, le gouverneur les fit mettre en prison, et les portes ne s'ouvrirent que lorsque le paiement fut effectué. Il parut bientôt une protestation contre cet acte arbitraire; mais les principaux signataires furent arrêtés et conduits en prison.

« Les Indiens de toutes les castes, voulant prouver leur mécontentement, se réunirent au nombre de cinq ou six cents, et, selon l'usage, voulurent jeter du sable devant l'hôtel du gouverneur, mais ils furent reçus par un feu de mousqueterie des Cipayes qui composent sa garde. Les Indiens furent dispersés, et le gouverneur a intenté un procès criminel à ces malheureux, qui ont presque tous pris la fuite. M. Danglès, avocat-général, a été destitué et embarqué. Cet homme, recommandable par ses qualités, son caractère et son grand âge, avait été renfermé plusieurs heures dans un cachot. Les marchands du pays ont résolu de chercher abri et protection sur le territoire voisin, ce qui fera nécessairement un tort considérable au commerce de Pondichéry. »   (*Times.*)

PÉROU.

La France est régie par des lois qui repoussent les ordres monastiques ; le ministère leur ouvre le royaume, et il ne permet point aux Français de savoir que les communautés dépérissent sur une terre où l'Espagne a déposé trois cents ans son limon. Le *Constitutionnel* n'a pu mentionner le fait que voici :

« Le conseil du gouvernement du Pérou, mécontent de voir que le pape refusait constamment de traiter avec les nouvelles républiques, a pris sur lui de nommer des évêques et des archevêques aux diocèses vacans, et d'ordonner la suppression de tous les monastères qui ne contenaient pas plus de huit moines au moment de la promulgation du décret. C'est ainsi qu'on a porté un grand coup à l'autorité du pape dans l'Amérique méridionale, et qu'on a réuni, pour les institutions philanthropiques et le progrès des sciences, des fonds considérables, qu'une loi spéciale a appropriés à ces objets. La sécularisation des moines a aussi été ordonnée. »

ITALIE.

Rome, 17 juin.

Les mêmes prédilections commandent la suppression de cet autre fait :

Un événement fort curieux vient de se passer au couvent des Capucins. Ces religieux se sont révoltés contre le P. Lodovico, capucin-cardinal. L'insurrection a commencé dans le réfectoire, où les frères ont jeté leur soupe et leurs écuelles à la tête du cardinal, qui s'est réfugié dans son appartement. Les mutins en ont fait le siège ; mais les gendarmes ont été mandés : un combat s'est engagé, dans lequel ont succombé trois gendarmes et deux capucins, sans compter les blessés.

(Rognure du *Constitutionnel.*)

ESPAGNE.

La France, monarchie constitutionnelle, n'aura plus droit d'attacher ses regards sur ce peuple qui, comme les Ilotes ivres du Péloponèse, semble destiné par ses exemples à instruire les nations du péril des théories de servitude pour les rois aussi-bien que pour les peuples. Il faut que de ce côté tout attire et charme les Français ; les articles qu'on va lire viennent d'être effacés encore dans *le Constitutionnel* :

Madrid, 9 juillet.

Le tribunal des alcades de *casa y corte* s'occupe en ce moment d'une affaire qui fait, à juste titre, beaucoup de bruit.

Voici le fait : Un capitaine, un lieutenant et cinq soldats de la troupe royaliste que le fameux Locho commandait en 1823, se consacrèrent en 1824, après la dissolution de cette troupe, à la tâche de poursuivre et de châtier les *negros*, puisque le gouvernement n'avait, selon eux, que l'apparence de cette persécution ; et, en effet, ces sept individus, encouragés et soutenus par les alcades de plusieurs villes et villages, commirent, en 1824, des vols, des assassinats, des vexations de toute espèce ; mais en 1825 et 1826, les alcades, qui n'étaient pas tout-à-fait aussi apostoliques que leurs prédécesseurs, ou qu'ils l'étaient eux-mêmes les années précédentes, commencèrent à faire observer et poursuivre cette quadrille de voleurs, et firent de tous côtés des représentations à toutes les autorités. Celles-ci n'en firent aucun cas, jusqu'à ce que cette quadrille, se trouvant dans un village dont le curé était assez opulent, se présenta au presbytère, accusa monsieur le curé d'être un *negro*, le vola, le bâtonna ; enfin, pour terminer leur opération, ces messieurs attachèrent et bâillonnèrent le pauvre curé, et avec un canif ils lui firent des incisions sur la tonsure, dont ils lui levèrent la peau en plusieurs endroits, de manière à ce qu'elle formât une étoile ; et ensuite sur les épaules quelques autres petites incisions et dessins de ce genre ; le curé, par une espèce de miracle, guérit de ses blessures ; mais ce fut après cette expédition que les sept ex-compagnons d'armes du général Locho furent poursuivis dans toutes les directions et arrêtés. Depuis huit mois qu'ils sont en prison, leur procédure est instruite ; on n'a pas encore osé les juger, et, depuis que la chambre des alcades de *casa y corte* s'occupe de cette affaire, les partis sont comme en présence. L'un espère que ces bandits, au moins les deux officiers, seront condamnés à la peine capitale, comme ils le méritent, et périront à la potence ; l'autre espère, ainsi que beaucoup d'autres défenseurs du trône et de l'autel de leur espèce, qu'ils seront pardonnés par le roi. M. le général Carvajal ne néglige rien pour sauver ces fidèles serviteurs du roi.

Nous venons d'apprendre à l'instant que M. le vicomte de Labarthe, colonel du 5e régiment de cavalerie légère (Reine Maria Amalia), vient d'être destitué et confiné dans un château fort, non-seulement pour avoir manifesté quelques idées de carlisme, mais encore pour s'être rendu coupable de malversation dans l'emploi des fonds de son régiment. M. Nunez de Abreu, autre officier supérieur de la garde, vient d'éprouver le même sort; il n'est pas moins célèbre que le précédent par ses exploits de 1823. Ces deux champions sont de ceux qui se sont le plus distingués dans la persécution des *negros* sans défense; mais ils ne les ont jamais vus de front tant que ces derniers ont été armés.

Il est bien rare que le roi travaille avec son ministre de la guerre sans éprouver de ces espèces de désappointemens au sujet des héros de la Foi et consors, et S. M. est obligée d'en témoigner son vif mécontentement; mais, en échange, on réduit tous les jours à l'indigence, en les impurifiant, les officiers les plus expérimentés et les plus recommandables de l'ancienne armée.

On a ordonné de former et d'organiser en régimens les volontaires royalistes de la province de Madrid, et l'ordre a été également donné que tous les corps et bataillons de cette arme se réunissent en assemblées périodiques, à l'imitation des milices provinciales, et que tous les volontaires royalistes, inscrits comme tels depuis 1823, en fissent le service, et fussent tenus et regardés comme tels. Mais, aussitôt que l'autorité voulut mettre à exécution ce projet d'organisation en régimens, les volontaires qui ne faisaient plus de service n'en ont pas voulu reprendre, et la plupart de ceux qui étaient en pleine activité ont refusé de s'enrégimenter, comme étant une chose incompatible avec leur besoin de travailler pour leur subsistance et celle de leur famille, vu qu'ils sont presque tous journaliers. Il est à remarquer que le service des volontaires royalistes se borne, à Madrid, à monter la garde aux théâtres et aux courses de taureaux, à fournir des compagnies de parade pour les processions et cérémonies d'église, à faire la haie lors des entrées de la famille royale à Madrid, au retour d'un séjour royal, et de ses départs pour une autre résidence; et, dans les autres endroits de la province, à porter une veste et une cocarde, et à dire : *Je suis royaliste.*

Il est donc certain que l'exécution de l'ordre en question est arrêtée par tant d'obstacles qu'elle n'aura pas lieu. La pénurie du trésor royal est telle, en ce moment, qu'il n'y a pas d'argent même pour acheter des vivres pour les troupes de la garnison, et que, depuis quinze jours, le gouvernement a été obligé de se procurer, à crédit, le pain, la viande et les légumes nécessaires pour les rations des soldats.

Les volontaires royalistes de Malaga, aujourd'hui seule garnison de cette ville, voyant un certain nombre de voiles s'approcher, ont tous abandonné leur poste à la garde du port et de la place, et il y a eu dans la ville un petit mouvement d'insubordination. Au moment du départ du dernier courrier, l'autorité n'avait pu réunir que quinze hommes des volontaires royalistes, qui criaient à haute voix qu'ils n'étaient plus royalistes.

La place et le port de Santona viennent de se mettre en défense contre une bande de contrebandiers, sans doute, qui s'est formée par terre dans ses environs, et parce qu'on a observé en mer quelques bâtimens faisant mine de vouloir aborder.

Madrid, 16 juillet.

Un rapport du marquis de Campo Sagrado, arrivé au ministre de la guerre, annonce que l'insurrection du Lampourdan va toujours croissant. S. Exc. mande aussi qu'un grand nombre de jeunes gens de Barcelone et des environs, qui devaient tirer pour la levée qui se fait, sont allés rejoindre les bandes. La police paraît avoir découvert deux grands dépôts d'armes dans le Bas-Arragon.

Les bruits sur l'évacuation de Cadix et Barcelone, dont je vous ai parlé dans ma dernière, se soutiennent toujours, et de plus on assure aujourd'hui que l'évacuation aura lieu dans le mois d'octobre prochain. Nous sommes probablement sur le point de voir le Portugal élever de nouvelles plaintes contre nous; voici ce que je présume devoir les faire naître :

Il paraît, d'après un rapport arrivé hier au ministère de la guerre, que 150 hommes d'infanterie et cavalerie de la division du général Monnet sont passés en Portugal, armes et bagages, commandés par deux lieutenans-colonels. Le général Monnet, ayant été informé de cette désertion, envoya 3oo hommes de cavalerie à la poursuite des fugitifs, et n'ayant pas pu les atteindre sur le territoire espagnol, ils sont entrés sur le territoire portugais, où, ne pouvant les rejoindre, ils s'amusèrent à piller plusieurs villages, et ils commirent d'assez graves excès.

Il arrive continuellement ici des courriers expédiés, soit par le capitaine-général, soit par divers gouverneurs de places et de villes de Catalogne, dont les dépêches s'accordent toutes pour informer le gouvernement que la faction carliste continue à faire d'immenses progrès dans cette province, à tel point qu'elle a pénétré dans toutes les villes et dans tous les villages, et surtout dans ceux des montagnes où ces bandes s'organisent impunément. Cette faction a envoyé une députation dans le haut Arragon et à Molina; et cette députation, soutenue par une force suffisante, est arrivée jusque sur les terres de Medina-Celi en Castille, et elle a distribué partout sur son passage, comme elle en répand dans toute l'étendue de la Catalogne, des pamphlets, tant imprimés que manuscrits, contre le roi, contre ses ministres et contre les *negros*, invitant tous les Espagnols à défendre la religion et le trône de Charles V.

Au-milieu de ce mouvement et de ces troubles dans une des plus grandes et des plus riches provinces de l'Espagne et dans celle où les hommes ont peut-être le plus d'ensemble et d'énergie, ce qui nous étonne, c'est l'apathie, c'est l'inexplicable indifférence de notre gouvernement, qui, parfaitement informé de tout ce qui se passe, semble n'en faire aucun cas, et ne prend aucune mesure pour éteindre ce feu naissant.

Plusieurs lettres de Portugal font mention de l'arrestation de plusieurs Espagnols, prétendus négocians, qui, sous prétexte de leur commerce et de persécutions du gouvernement espagnol, faisaient le métier d'espions de la junte apostolique. On a trouvé chez ces prétendus négocians des proclamations en espagnol et en portugais, dans lesquelles le projet de mettre toute la Péninsule sous le sceptre de Charles V était clairement indiqué. (Rognures du *Constitutionnel*.)

ÉGYPTE.

Dépositaires des destinées de la civilisation française, les conseillers du trône ne souffrent pas que nous sachions qu'ailleurs, aux rivages du Nil, la civilisation moderne étend ses rameaux. Ils prennent ombrage du pacha d'Egypte. Ils voient dans ses exemples un danger, dans ses louanges une satire.

Alexandrie, 7 juin.

(Extrait d'une lettre particulière.)

« Notre civilisation fait des pas de géant; la liberté vient de débarquer avec une presse et des caractères de Firmin Didot, au port neuf de cette ville. Nous allons avoir un journal indépendant, libre comme l'air! On pourra tout dire, tout imprimer, tout publier : c'est en Afrique qu'il faudra venir désormais pour apprendre à penser. Il est bien entendu cependant qu'on ne parlera jamais de Mehemet-Ali que pour en faire l'éloge. On s'abstiendra de traiter l'article de ses finances et de ses monnaies; on ne nommera ses ministres que pour faire connaître leurs vertus au-delà des mers; quant à l'administration, il est convenu d'avance qu'elle est parfaite dans son ensemble et dans ses détails. Il est défendu, sous peine de cinq cents coups de bâton pour la première fois, d'être cloué par les oreilles en cas de récidive, et pendu en dernière analyse, si on se plaint des avanies, des vexations, et si on décline le pouvoir du visir en ce qui concerne le monopole, les confiscations, les spoliations, qui sont ses moyens ordinaires de battre monnaie. Il est interdit de s'expliquer sur le mode de recrutement qu'il met en usage depuis nombre d'années; les hommes comme les propriétés lui appartenant, et pouvant à ce titre disposer de son bien comme il l'entend, personne ne peut prétendre à censurer ses exactions. On devra, au moins une fois par mois, attribuer une victoire quelconque à Ibrahim, fils de Mehemet-Ali, quand même

il n'aurait pas brûlé une amorce. On dira que l'Égypte est une
terre de Cocagne, afin de continuer à faire des dupes, et que,
depuis Alexandrie jusqu'à Sienne, on est dans une jubilation
perpétuelle. Pour ce qui est de la littérature et des arts, on attend une colonie de savans chargés de lire les hiéroglyphes, et
alors les jours de Pharaon brilleront de tout leur éclat.

Aux conditions que nous venons d'indiquer, chacun pourra
s'exprimer en toute liberté, faire ce que bon lui semblera, en
ayant soin toutefois de parler bas dans les cafés, de se taire en
public, et de se tenir clos chez soi dès que le soleil est couché,
afin de ne pas être roué de coups par les patrouilles qui s'em-
parent des rues de la ville, conjointement avec les bulls-dogs,
jusqu'au retour de la lumière. (Rognure du *Constitutionnel*.)

ROYAUME DES PAYS-BAS.

La France, généreuse et fière de son ordre légal,
y ayant foi comme à un bienfait de ces princes qui
n'ont jamais promis en vain, ne pourra pas connaître
les sollicitudes loyales des autorités d'une autre monarchie constitutionnelle pour les droits des citoyens
et pour le respect des lois. Pressés entre l'Espagne et
les Pays-Bas, il nous faudra détourner nos regards de
ces royaumes, de peur que le dégoût et l'envie ne
prennent mal à propos place dans nos cœurs. Qu'il y
a d'audace et de naïveté dans la suppression que voici!

Depuis plusieurs jours, la ville de Bruxelles est dans les fêtes
à l'occasion des concours de musique qui ont lieu dans cette
ville entre les corps de musique de la plupart des grandes villes
des Pays-Bas. Le journal officiel de ce royaume (*Gazette des
Pays-Bas*) félicite l'administration municipale sur l'ordre et
la tranquillité qui ont régné au milieu de l'immense population
que ces fêtes ont attirée dans la capitale des Pays-Bas, « sans
que les citoyens, ajoute-t il, aient eu sans cesse devant les
yeux l'appareil menaçant de la force publique; on a compris

qu'il valait mieux, à l'aide de quelques dispositions bien com-
binées, prévenir le trouble et la confusion, que d'être obligé
de les réprimer ensuite avec les baïonnettes et des coups de
pieds de chevaux. L'événement a pleinement justifié la confiance de l'administration. »

AFFAIRES DE LA GRÈCE.

Les affaires de la Grèce continuent à occuper tous
les esprits et à les partager. M. le vicomte de Châteaubriand gémit avec sa haute éloquence, dans la première publication de la Société des amis de la presse,
du traité qui ne promet aux Hellènes qu'une assistance
incomplète, douteuse, tardive, funeste peut-être. La
Quotidienne signale aujourd'hui avec mesure et saga-
cité ce qu'il y a de terrible dans la clause qui admet
deux mois de délai pour l'échange des ratifications,
tandis que le sang de tout un peuple coule à grands
flots, et que chaque jour peut voir consommer son
martyre. Enfin, nombre d'esprits considérables re-
grettent que les puissances aient cru devoir s'enfermer
dans les formes, et, pour ainsi dire, dans le linceul de
la vieille diplomatie, qu'elles aient volontairement ra-
petissé aux proportions d'une affaire de sécurité et de
négoce une question d'humanité, de religion, de
gloire.

Cependant, Monsieur, je persiste à avoir bonne es-
pérance. Pour ne voir dans ces hautes promesses
qu'une déception cruelle, il faudrait supposer que
les vœux de l'empereur du Nord se perdront dans les
rets d'une politique à la fois moins franche et moins
humaine. Il faudrait aussi croire qu'à l'Angleterre est
réservé ce triste rôle; je ne puis le penser. Si les phil-

hellènes ont remarqué avec regret que la nation an-
glaise n'a pas montré pour le salut de la Grèce tout
l'élan digne d'un si grand peuple et d'une si grande
cause, il faut songer qu'il y a un homme dont la re-
nommée est grande, grande l'ambition, et qui serait
perdu dans l'estime de l'univers si on pouvait l'accuser
d'avoir arrêté le bras prêt à rompre les chaînes des
martyrs de Missolonghi et des défenseurs du Parthenon.

Il paraît certain que le traité d'alliance a été *voulu*
par la Russie et *consenti* par l'Angleterre. La France,
la France du cabinet, n'a fait que s'y résigner! Dans
un monde élevé, on croit les dépositaires de l'autorité
souveraine aussi contraires de cœur aux chrétiens d'O-
rient que le pays leur est propice et secourable. On
va jusqu'à se demander si, en prenant part à cette
transaction, ils ont cédé aux vœux de M. Canning ou
à ceux de M. de Metternich. On est près de ne voir
dans leur intervention que le poids inerte mis par l'Au-
triche dans la balance des conseils de l'Europe pour la
faire pencher du côté des retards, des pourparlers, de
l'indifférence, de la barbarie. Ce qui est certain, c'est
que la censure a mutilé d'une façon étrange le nu-
méro du *Constitutionnel* où mention était faite de l'honneur nouveau accordé à M. de Ribeaupierre, ministre
de Russie, d'avoir au lieu d'un tabouret un fauteuil pour
s'asseoir.

« Les chrétiens, ajoutait-on, ignorent que ce fauteuil est le
» trône du patriarche-martyr Grégoire, sur lequel le stupide
» orgueil musulman a voulu que M. de Ribeaupierre siégeât. »

Cette suppression semble significative. Pourquoi
protéger ainsi contre notre indignation la politique
musulmane, s'il était vrai que le ministère voulût lui

disputer sa proie sanglante? Faut-il prêter l'oreille aux
bruits accrédités, ainsi qu'on va le voir, d'un bout de
l'Allemagne à l'autre?

Trieste, 13 juin.

Pendant que toutes les feuilles d'Europe annoncent unani-
mement que la France a accédé, par son ambassadeur à Con-
stantinople, aux efforts de l'Angleterre et de la Russie pour la
pacification de la Grèce, aux termes du protocole du 4 avril,
les nouvelles reçues d'Alexandrie, sous la date du 3 avril, ont
excité une vive surprise. On écrit en effet : « Un secrétaire du
»commandant de l'escadre française de l'Archipel, qui est ar-
»rivé ici, chargé d'une mission, a apporté au vice-roi une
»lettre où on lui donne avis de presser le départ de l'expédition
»pour la Morée, afin de hâter l'assujétissement de la Grèce,
»avant qu'on ait pu prendre certaines mesures. » (*Gazette
d'Augsbourg.*

(Rognure du *Journal des Débats.*)

EXTRAITS DES JOURNAUX ÉTRANGERS.

En opposition, dans toutes ses relations extérieures,
avec tous les intérêts et toutes les sympathies de la
France, admirateur de l'arbitraire dans tout l'univers,
professant un culte pieux pour la gloire des capucins
de Rome, des moines du Pérou, des bandes dévasta-
trices de la Péninsule, et s'effrayant des améliorations
du pacha d'Egypte, prenant en déplaisance et en ter-
reur les bons sentimens des magistrats de Bruxelles,
le ministère recueille le prix de cette politique extraordinaire. Il n'obtient pas seulement des mépris in-
solens pour la nation qu'il gouverne ; lui-même et
tous les instrumens de son pouvoir désordonné entrent
en partage des insultes que ses usurpations ont attirées

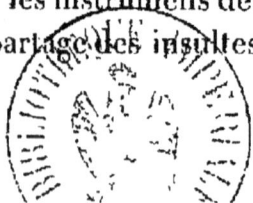

2

sur nous. Ces journaux de l'heureuse Allemagne, de l'audacieuse Angleterre, qui bafouent notre esclavage, se montrent prodigues. d'animadversion pour quiconque met la main au bâillon dont gémit la France. Triste condition du ministère, de compromettre également dans l'estime du monde tout ce qui subit son pouvoir, et tout ce qui s'associe à sa fortune.

A quelques accusations près sur des directions de conscience et d'intention qu'il n'est pas permis d'accuser, la *Gazette d'Augsbourg* du 14 juillet s'exprimait ainsi :

Le ministère français a choisi le comité de surveillance de .la censure, de manière à n'avoir rien à redouter de ses actes. A la tête on distingue M. de Bonald. M. de Bonald est un homme qui s'est survécu : il est maintenant écrasé sous le poids de ses idées absolues, et l'on peut ajouter par les faveurs pécuniaires du ministère..... ˋ

Comme ministre d'Etat il reçoit. . . . .   20,000 fr.
Comme président d'une des sections de l'indemnité. . . . .   24,000 fr.
 ˙ Dotation de la chambre des pairs. . . . .   12,000 fr.
Comme homme de lettres, du ministère de l'intérieur. . . . .   6,000 fr.

Le journaliste allemand n'ajoute pas le traitement de 24,000 francs qu'on supposait, il y a peu de jours, attribué au titre de chef de la censure : c'était à coup sûr une calomnie. Un tel office doit être purement honorifique.

Les journaux anglais n'ont pas plus de bienveillance pour les renommées qui se sont associées au génie du ministère à leurs risques et périls.

Londres, 10 juillet.

Deux sortes *d'employés* font partie de l'administration de la censure. Les censeurs proprement dits sont des gens inconnus, et nous n'avons rien à en dire; mais la commission de surveillance est formée d'hommes qui tous possèdent plus ou moins de célébrité.

Le vicomte de Bonald, président de la commission, est célèbre parmi les écrivains politiques français par sa nuageuse obscurité. Lorsque Bonaparte obtint le pouvoir suprême, il s'établit l'apôtre du pouvoir absolu. Il obtint alors une pension de 12,000 fr. qui lui était payée sur la police et sur le produit des jeux, et qui lui a été conservée par les Bourbons. Depuis la restauration, il a modifié son système d'absolutisme sur un seul point : c'est-à-dire qu'il considère maintenant le pouvoir du gouvernement comme dérivant du pape. Il est un des membres les plus zélés de la congrégation.

Le marquis d'Herbouville, membre de la chambre des pairs, est un émigré à qui Bonaparte permit de rentrer en France, et qu'il fit préfet. Il inclinait alors vers les idées philosophiques, et était un homme très-agréable...

Le comte de Breteuil, pair de France, est un homme de nulle conséquence.

M. de Frénilly, membre de la chambre des députés, est célèbre par son fanatisme religieux et politique, et particulièrement par les sentimens vindicatifs qu'il manifesta après la seconde restauration.....

M. Olivier, membre de la chambre des députés, n'a aucune importance..... Il est peu connu, même dans Paris.

M. de Maquillé, membre de la chambre des députés; . . .

. . . .

Remarquant dernièrement qu'une conversation cessait à son approche, il dit : « C'est très-bien, vous vous taisez; c'est la preuve que vous disiez quelque chose de mal. »   (*Times.*)

Cet article est beaucoup plus développé dans le texte. Il contient sur les *employés* du comité supérieur de la censure des imputations qui prouvent que toutes les nations où respirent des libertés publiques tiennent pour ennemis les ministres de France et tous leurs adhérens. C'est là ce qu'il me fallait prouver. L'univers fait aujourd'hui cause commune, l'univers tout entier est en progrès. Ceux qui roidissent leurs bras pour étouffer nos destinées, pour écraser notre civilisation sous les ruines de nos lois, ceux-là sont les perturbateurs de la paix du monde et les ennemis personnels de tous les peuples, les ennemis de tous les rois.

INTÉRIEUR.

RÉVÉLATION EN DEUX LIGNES DE TOUTES LES DOCTRINES ET DE TOUS LES VŒUX DU MINISTÈRE. — RÉTABLISSEMENT DES MONASTÈRES ET ABBAYES.

D'un coup de ciseau de la censure peuvent jaillir bien des clartés. Voici qui éclaire de reste la route où nous sommes, et le point où l'on va.

Hier, 23, dans un article sur un établissement agricole, *le Constitutionnel* jetait en courant cet axiôme :

IL VAUT MIEUX, AU TEMPS OU NOUS SOMMES, FONDER DES MANUFACTURES ET DES FERMES-MODÈLES, QUE DES MONASTÈRES ET DES ABBAYES.....

Supprimé par la censure ! Décidément, il n'y a plus de Pyrénées.

Que dis-je, monsieur ? les Aranda, les Jovellanos, les Florida-Blanca, ont mille fois tracé la maxime interdite aux Français. Il n'est pas prouvé qu'aujourd'hui même le Saint-Office osât, en biffant de tels mots,

donner un audacieux démenti au cri de la science, à
celui de l'histoire, à l'autorité de l'expérience, aux
progrès de la civilisation, aux vœux et aux besoins du
genre humain.

Ainsi, toute la politique du ministère se compose
d'hostilités contre l'industrie et l'agriculture. Les fermes-modèles, les ateliers qui s'élèvent de toutes parts,
sont des spectacles importuns. On veut les traiter
comme les écoles. Ce n'est point par hasard qu'on a
persécuté l'établissement de Roville. Ce n'est point
par mégarde qu'on a reproché à l'agriculture française
de trop produire. Il y a là tout un système. C'est de
l'économie politique à rebours. C'est de la politique
contre nature. Ce qui enrichit les peuples les éclaire
et les émancipe: Il faut donc ruiner la France. Il faut
que les couvens prennent la place des fabriques et des
fermes-modèles, que les classes inférieures prient et
mendient au lieu de 'travailler, et ce n'est pas assez
des monastères, les abbayes mêmes... En vérité, de
si criminelles folies feraient interdire mille fois le dernier des citoyens. Dieu nous éprouve. On saura tout
juste combien de temps une verge et une marotte peuvent servir de houlettes à six pasteurs tels que les
nôtres, pour mener un peuple qui se croyait libre,
qui aura toujours le droit de se croire intelligent et
sage.

STATISTIQUE DES MONASTÈRES DES BOUCHES-DU-RHÔNE.

Il faut aux couvens pour renaître et croître en paix
la protection du silence public. Je vous ai déjà dit,
monsieur, que le nom de la Société de Jésus est in-

terdit à toutes les feuilles publiques. La statistique suivante a eu dans tous les journaux le même sort.

On lit dans *le Messager* de Marseille l'article suivant en réponse à *l'Étoile*, qui avait dit ignorer qu'il y avait des capucins en France :

« Il y a en France beaucoup de couvens d'hommes qui, ainsi que les *jésuites*, *existent illégalement*. Il y a des chartreux dans le département de l'Isère, des trapistes dans celui des Bouches-du-Rhône. Dans ce même département sont installés, *avec protection spéciale*, trois couvens de capucins : à Saint-Jean de Garguier, à Aix et à Marseille. Dans cette dernière ville, dix-huit capucins, précédés d'une croix de bois, ont assisté aux diverses processions qui ont eu lieu la semaine passée. Parmi ces capucins, tout le monde, et particulièrement les femmes, ont remarqué un révérend père d'une belle taille, ayant un air distingué et le regard *expressif*. C'est un Espagnol qui fut *constitutionnel*, arrivant de Rome, où il a été se *faire purifier*.... Il a obtenu le pardon du saint-père, et est porteur de lettres de recommandation de LL.-EE. les cardinaux, etc.

» Il y a dans Marseille neuf couvens de femmes, dont deux d'ordres mendians, ayant chacun à leur service cinq à six frères lais vêtus en *capucins*, qui, ainsi que les *véritables capucins*, quêtent chaque semaine dans toutes les maisons et marchés. Ces couvens, par un abus inconcevable, participent à l'aumône destinée aux malheureux prisonniers.

» Ces deux *ordres mendians* sont très-portés pour le prosélytisme, principalement celui des capucines, qui, *faisant construire un palais*, cherche de préférence les filles majeures jouissant en leur particulier de quelque fortune, et pouvant payer en argent comptant 6,000 fr. pour leur admission. Le directeur de ce couvent est le père Casimir, se qualifiant de *capucin indigne*

» Le couvent des capucines est porté dans le budget communal pour 400 fr. ; celui des trapistes de la Sainte-Beaume pour 600 fr. On assure que, dans le budget de l'année prochaine, une allocation sera votée en faveur des capucins, dont le couvent est maintenant rue Saint-Savournin.

» Si *l'Étoile* désire quelques autres renseignemens sur les établissemens de couvens d'hommes, sur les congrégations et autres associations mystiques qui se forment chaque jour, sur nos onze confréries de pénitens, etc., etc., nous serons toujours disposés à les lui fournir. »

BIENSÉANCES ORATOIRES DE LA CHAIRE.

M. d'Hermopolis a pu accuser les emportemens malheureux de ces jeunes lévites qui ont plus de zèle que de science. C'était alors une concession nécessaire. Mais la presse ne pourra point élever jusqu'à notre jeune clergé les plus sages conseils. Dans un article du *Constitutionnel* sur *l'Essai* du cardinal Maury, l'alinéa suivant a disparu :

Nous engageons surtout les personnes qui se préparent à remplir le ministère sacré, à lire le chapitre sur *les bienséances oratoires*, et à le méditer avec soin : s'ils se pénètrent des principes posés par l'illustre cardinal, nous n'aurons plus à gémir sur ces ridicules déclamations, sur ces apostrophes poussées quelquefois jusqu'à l'indécence, qu'un zèle peu éclairé met dans la bouche de ceux chargés d'enseigner une religion de paix et de charité; sur des attaques plus coupables encore de la part de ces mêmes hommes qui ne devraient prêcher que des vertus utiles et la soumission aux lois du pays, puisqu'ils parlent au nom de celui qui a dit : *Soyez soumis aux puissances.*

AFFAIRE DU CURÉ DE BENFELD.

Le voile dont on veut couvrir les égaremens de la ferveur sera jeté aussi sur les emportemens du crime.

S'il est un spectacle douloureux, c'est de voir le but avoué, la direction manifeste de la censure exaspérer

l'opinion publique au point de faire passer dans quelques écrits la tentation de noircir des attentats de l'un
de ses membres le corps entier du clergé français.
L'onction du sacerdoce se perd dans la souillure du
crime. Le coupable n'est plus un prêtre : ce n'est qu'un
homme ; et si quelques exemples, tristement répétés
dans les derniers temps, doivent avertir l'autorité su-
périeure de la nécessité d'introduire dans les sémi-
naires, à l'usage d'une jeunesse choisie souvent aujourd'hui dans des rangs où l'éducation du foyer paternel
a peu d'étendue, cette éducation libérale et polie qui
adoucit à la fois les formes, les caractères et les mœurs,
les écrivains de l'opposition à leur tour doivent songer
que nul corps aussi nombreux ne compte en aussi
petit nombre les méfaits. Ceux qu'on a signalés prouvent par leur petit nombre même en faveur des hautes
vertus que le sacerdoce a rapportées de la grande épreuve
du martyre et de la spoliation.

Mais, d'un autre côté, Monsieur, quoi de plus épou-
vantable que de voir les publicistes du ministère ou
ses censeurs prendre fait et cause pour d'affreux scan-
dales, au nom de la religion même, caresser le lévite
dans le profanateur du confessionnal et dans l'assassin,
rétablir le droit d'asile et placer l'autel entre quelques
coupables obscurs et l'indignation publique ? C'est là
un sacrilège de nouveau genre, que M. le garde-des-
sceaux a omis dans sa grande loi.

L'article suivant d'un journal de département a été
rayé dans tous les journaux de la capitale :

Le *Journal politique et littéraire du Bas-Rhin* a annoncé
que le sieur Sieffrid, curé de Benfeld, avait été *acquitté;* le
Courrier du Bas-Rhin, citant l'arrêt de la Cour d'assises ; a

dit que cet individu avait été *absous*. Ce dernier explique ainsi cette différence dans les expressions :

« L'accusé *acquitté* est celui qui est déclaré *non-coupable* du fait qui lui est imputé; l'accusé *absous*, au contraire, est celui qui, bien que déclaré *coupable*, ne peut cependant être atteint par la vindicte des lois; car il est des faits qui, quelque attentatoires qu'ils soient à la morale et à la religion, ne peuvent cependant être punis par les lois. L'accusé *acquitté* est un innocent aux yeux de la loi comme aux yeux de la morale; l'accusé *absous* est un coupable aux yeux de la morale, mais il échappe à la sévérité des lois, soit à cause de leur insuffisance, soit à cause de leur clémence. Notre loi criminelle a tellement voulu faire sentir la distinction qu'elle ferait entre un *acquittement* et une *absolution*, que c'est le président qui prononce de plein droit *l'acquittement* sur la déclaration de la non-culpabilité rendue par le jury, tandis que *l'absolution* ne peut être déclarée que par arrêt de la Cour.

» Les articles 358 et 364 du Code d'instruction criminelle sont en effet ainsi conçus :

» Art. 358. Lorsque l'accusé aura été déclaré non-coupable, » le président prononcera qu'il est acquitté de l'accusation, et »ordonnera qu'il soit mis en liberté, s'il n'est retenu pour une »autre cause.

» Art. 364. La Cour prononcera l'absolution de l'accusé, si »le fait dont il est déclaré coupable n'est pas défendu par une »loi pénale. »

» Ainsi, dans l'espèce dont il s'agit, le sieur Sieffrid ayant été déclaré coupable sur la première partie de la principale question qui avait été posée au jury, cet individu ne pouvait plus être *acquitté*, mais seulement *absous*, et c'est la Cour qui a prononcé sur sa mise en liberté. »

RELIGIEUX ET GENDARMES.

Même culte est assuré par le ministère, nous l'avons déjà vu, à ses milices sacrées et profanes. En rendant compte d'une rixe élevée à Bordeaux, les journaux,

après avoir dit que quelques militaires de service s'é-
taient efforcés de rétablir l'ordre, ajoutaient que ces
braves gens *s'étaient vus contraints de se retirer.* Ces
mots irrévérencieux ont disparu. La France libre doit
être trompée comme la France impériale ; dans les
bulletins de ses batailles, l'administration n'admet
point de revers.

Il vous souvient, Monsieur, qu'il y a peu de jours,
dans un article de votre journal sur la situation de
l'Angleterre et de l'Irlande, où j'établissais que la
France a besoin d'un gouvernement plus fort que sa
rivale, précisément parce qu'elle n'a pas le boulevard
de hiérarchies puissantes, j'avais dit qu'abusé par un
faux air d'égalité répandu sur toutes choses, le voya-
geur était près d'envier à cette nation opulente le secret
d'être et de prospérer, sans hiérarchie, *sans religieux,*
sans gendarmes, sans gouvernement : ces mots furent
biffés. Les religieux et les gendarmes sont précisément
les biens dont l'absence dépare l'Angleterre, ceux que
doivent envier tous les peuples ! Ces deux corporations
constituent l'unique aristocratie, l'unique supériorité
qui y convienne parmi les hommes ! C'est là l'utopie
de nos chanceliers Morus !

CIMETIÈRE DU MONT VALÉRIEN.

On sait quelle spéculation pieuse a institué le cimetière du mont Saint-Valérien. La coterie, pour se
compter, a imaginé de réunir là ses morts.

Le fils de l'un des conseillers de la couronne a été
enlevé à sa famille de la façon la plus prématurée et
la plus cruelle. Un journal imprime que le cimetière

Saint-Valérien a reçu sa dépouille. Le fait était inexact. Croyez-vous, Monsieur, que la censure le supprime? Point.

Mais, le lendemain, le même journal présente aux censeurs ces deux lignes :

— Ce n'est point au Mont-Valérien, ainsi que nous l'avons dit à tort, mais à Picpus qu'ont été déposés les restes mortels de M.....

Effacé ! l'erreur a été admise ; la rectification ne peut pas l'être. Pourquoi? pourquoi, Monsieur? Lisez les Provinciales. Il est dans les intérêts du cimetière Saint-Valérien que la foule ait l'espérance de s'y rencontrer avec les mânes des grands de la terre, car la foule suit le pouvoir partout. Cette suppression est un mensonge officieux de la censure. La fin sanctifie les moyens.

PETITE ET GRANDE CULTURE.

Tout s'enchaîne. La vieille discussion de la grande et de la petite culture sera interdite aux Français : car la petite culture n'est pas celle que rêvent nos couvens.

Les votes des conseils-généraux ont subi l'influence de l'intérêt personnel, et se rattachent à une question fort délicate, celle des avantages et des inconvéniens de la grande et de la petite culture. Jusqu'ici la petite culture s'est montrée féconde en ressources ; elle a payé en grande partie les frais des deux invasions et de l'occupation, des taxes de guerre, la grande indemnité de l'émigration, et beaucoup d'indemnités partielles, dont la masse serait effrayante s'il était permis d'en additionner toutes les sommes. Sa part dans le budget des recettes est aussi large qu'elle est étroite dans le budget des dépenses ; ce n'est pas elle qui donne d'une main pour reprendre de l'autre ; ce n'est pas elle qui diffère les améliorations de la culture jusqu'à ce que son terrain ait été classé par le cadastre dans une classe inférieure, afin de diminuer d'autant l'évaluation de son revenu imposable. Mieux vaut, à notre avis, que quelques pauvres grands propriétaires voient diminuer leurs revenus, que de tarir les sources du revenu public, car ces sources sont alimentées par les gens qui cultivent de petits quartiers de terre, et non par ceux qui se promènent dans de vastes enclos.

(Rognure du *Constitutionnel.*)

Sans doute les points de vue contraires peuvent se soutenir sur cette grande question agricole et politique. Mais, ici l'examen et la controverse sont prohibés ; prohibés au profit de l'une des deux doctrines, au profit des théories et des regrets contre le fait présent. Quel plus curieux phénomène qu'un peuple auquel son gouvernement défend d'aimer son siècle et son pays, d'applaudir à ce qui est, d'en prendre le parti contre les novateurs ! Quelle meilleure preuve que le génie subversif des factions nous domine et nous entraîne !

PROPRIÉTÉ FONCIÈRE, PROPRIÉTÉ INDUSTRIELLE.

Même débat, même arbitrage : le silence au profit de l'une des deux causes ! La discussion serait à tout le moins inoffensive. Elle serait de plus profitable. Car les questions se mûrissent, les barrières s'abaissent en s'éclairant. Voilà ce que disent la raison et la Charte ; voici ce que fait la censure :

Dans le *Constitutionnel* encore, les lignes suivantes sont effacées :

«Qu'ils se rassurent aussi sous le rapport de la paix publique,

ceux qui affectent de croire que le commerce et l'industrie sont
moins attachés au sol et moins intéressés au bon ordre. Qui
donc doit plus redouter les troubles qu'un négociant et un ma-
nufacturier ? Ne peuvent-'ls pas en un seul jour voir détruire
leurs usines, dévaster leurs magasins, piller leurs comptoirs ?
Quelle indemnité ont-ils à attendre ? Qui a pensé aux pertes
causées par le *maximum* ?

Il n'en est pas de même des propriétés foncières. On a pu
autrefois les confisquer et les vendre, cependant beaucoup en
ont retrouvé quelques portions, et à fin de compte, un milliard,
produit des travaux de l'industrie et des richesses qu'elle pro-
cure à l'État, vient encore consoler les victimes.

Vous le voyez, Monsieur, louer l'industrie française
n'est pas permis aux Français. Reconnaître chez nos
commerçans l'amour de l'ordre et des intérêts honorables n'est pas permis dans ce régime de liberté nouvelle qui commence. Nous avons un ministère pour
lequel les mendians de l'armée de la Foi sont sacrés,
qui outrage par ses prohibitions les dépositaires de nos
arts et de nos prospérités !

STATISTIQUE DU COMMERCE. PARTICULARITÉS SUR LA FOIRE DE BEAUCAIRE.

La même politique qui cache en même temps à nos
regards l'Espagne et les Pays-Bas, s'attache à tenir
également dans l'ombre la statistique des comptoirs
et celle des couvens. Il faut que la France ignore que
ceux-ci prospèrent, que ceux-là languissent et suc-
combent.

M. le marquis de Lavalette, préfet du département du Gard,
délégué pour exercer les fonctions de commissaire du gouvernement pour la tenue de la foire de Beaucaire, a pris un arrêté

qui fixe l'ouverture de cette foire au 22 de ce mois, et la clô-
ture au 28 à minuit.

Voici l'extrait d'une lettre de cette ville, en date du 6 de ce
mois, insérée dans le *Journal du Commerce de Lyon :*

« La foire, qui, l'année dernière, offrait à cette époque un
tableau assez animé, n'est encore cette année qu'une solitude.
Je ne saurais décider précisément si cela vient de la détermina-
tion prise par les maisons de Mulhausen de n'ouvrir que le 15 ;
mais ce que je sais bien, c'est qu'on se croirait éloigné d'un
mois du moment de l'ouverture. Le peu de négocians qui ont
ouvert ne font rien encore, et redoutent les résultats de cette
foire. Quant aux habitans, ils ne sont pas rassurés sur leur
avenir ; car, par la diminution annuellement progressive des
affaires et le découragement des maisons de commerce, loca-
taires seulement pendant cette époque, ils craignent de voir
tomber bientôt cette foire, qui fait leur bien-être, ou du moins
d'être obligés de baisser les prix des loyers, et leurs craintes
sont assez justifiées par le grand nombre de magasins qui sont
à louer.

» Ce qui pourrait être un signe caractéristique de l'inquiétude
qui règne dans les esprits, c'est de voir le calme de la rue des
Couvertes, appelée *la Chaussée-d'Antin de Beaucaire.* Ordi-
nairement les employés des maisons qui y habitent se réunis-
saient le soir après souper, et se délassaient, par des jeux et
des chants, des fatigues de la journée ; beaucoup d'habitans et
d'étrangers étaient attirés par leurs accords mélodieux ; mais,
hélas !

Cet heureux temps n'est plus ; tout a changé de face.

Aujourd'hui l'on ne rit, l'on ne chante plus ; tout est morne
et silencieux : l'on se fuit ; chacun craint de laisser percer devant ses concurrens des marques de son mécontentement.

» On pense que les indiennes, les draperies et les articles de
Rouen et de Roubaix, qui forment les principales branches de
l'industrie nationale, joueront un bien triste rôle dans cette
foire. Les indienneurs et les drapiers n'étant pas même encore
arrivés, on ne peut fixer les prix de leurs articles, qui, du

reste, ne sont pas présumés être en hausse, bien au contraire ; mais je puis vous dire qu'on parle des prix de 15 et 16 sous pour les articles coutil et buffeline. La récolte des soies a été excellente, les prix des cotons ont beaucoup baissé ; mais les soies se vendront-elles, et à quel prix ? Enfin, généralement, on a plutôt des craintes que des espérances.

» Voilà pour la partie commerciale : celle des événemens sera peut-être plus piquante, et ne sera pas la moins recherchée par vos lecteurs. Vous savez que tous les ans la foire attire une grande quantité de baladins de toute espèce, et que divers amusemens et spectacles s'établissent à Beaucaire, où leurs directeurs font quelquefois de meilleures affaires que les négocians. Cette année, un particulier de Béziers est arrivé dans l'intention d'établir un tir au pistolet ; il était recommandé par M. le maire de cette ville à son confrère de Beaucaire comme père d'une nombreuse famille. Eh bien ! M. le maire a refusé à cet homme l'autorisation d'établir son tir, au mépris de l'ordonnance de police relative à la foire, qui permet ces sortes d'établissemens à la distance de deux kilomètres.

» C'est dimanche prochain que commencent les courses de taureaux : il y avait long-temps que les habitans de ce pays les attendaient avec impatience. Depuis la dernière foire on n'avait pas eu le plaisir de voir éventrer des hommes et des chevaux.»

(Rognure du *Constitutionnel.*)

SUPPRESSION D'ARRÊTS DE COURS SOUVERAINES.

Nous avons vu pour qui sera partial et passionné l'arbitraire qui commence. Contre qui le sera-t-il ?

Avant tout contre les cours souveraines. Les haines des corporations ne meurent pas ; et la même censure qui empêche de commenter l'arrêt de la cour royale du Haut-Rhin osera étouffer les arrêts de la cour royale de Paris. Elle fera plus : dans l'affaire du *Constitutionnel* et du *Courrier Français*, elle imposera une rédaction inexacte et mensongère à la place du jugement rendu, cela pour: qu'on ignore que le *chef* des fraudes électorales a été mis de côté par les magistrats, et que tout ce que les journaux avaient pu dire sous ce rapport a été souverainement absous.

PARTIALITÉ.

La censure sera partiale envers et contre tous. La nouvelle dont le récit est permis à tel journal ne le sera point à tel autre. Le *Courrier Français* ne parvient pas à instruire ses lecteurs d'une mort dont les autres feuilles sont remplies. Alors il prend deuil et s'exprime ainsi :

La patrie vient de faire une perte bien douloureuse et bien difficile à remplacer : *la Gazette de Lyon* annonce que le révérend père don Augustin de Lestranges, supérieur général de la Trappe, est décédé le 17 juillet dans la maison de son ordre où il était descendu à son arrivée de Rome.

Cette rédaction est supprimée. Celle qui suit est essayée, comme on peut croire, sans plus de succès.

La patrie vient de faire une perte qui n'est ni douloureuse ni difficile à remplacer, dans la personne du révérend père Lestranges, supérieur des Trapistes, qui est mort à son retour de Rome, dans la maison de son ordre, suivant l'expression de *la Gazette de Lyon.*

GUERRE A L'HISTOIRE.

Toutes les annonces de l'*Histoire de la garde nationale de Paris* ont été biffées dans les journaux. L'historien devait partager la disgrace de ses héros.

Les tomes VII et VIII de l'*Histoire de France*, par l'abbé de Montgaillard, viennent de paraître chez

Moutardier, rue Git-le-Cœur, et n'ont pu être annoncés.

La note suivante n'a pas davantage trouvé grace devant la censure.

M. Delamothe-Langon, membre de l'Académie royale des sciences de Toulouse et de celle des Jeux floraux, etc., va publier incessamment l'*Histoire de l'Inquisition en France et de la croisade dite des Albigeois*. Cet ouvrage important, fruit de vingt ans de travaux et de recherches, manquait à la littérature. L'auteur, sans rien puiser dans les écrits des écrivains modernes, a eu recours aux sources, et n'a tiré ses autorités que de bulles, brefs et lettres des papes, canons des conciles, chroniques des couvens, correspondances des évêques, et registres originaux de l'Inquisition.

On voit quel esprit dirige le ciseau ennemi. Les Parques du moins abattaient les vivans sans avoir la prétention de mettre en oubli les siècles qui n'étaient plus, ou de fausser leur histoire.

AGRESSIONS AUX PERSONNES.

Dans les monarchies constitutionnelles, tout citoyen vit sous l'œil et sous le jugement de ses pairs. Le pays a besoin que tout puisse être dit, dans les limites voulues par les lois, sur chacun de ses enfans ; car il a besoin de les connaître tous. Dans les monarchies absolues, la louange et le blâme sont interdits, parce qu'il n'y a que deux juges compétens pour les renommées, le prince et la postérité.

Sous l'empire de notre censure constitutionnelle, il y aura blâme et louange, mais par ordre du pouvoir. Des haines de faction exploiteront et le silence et la

3

publicité! la passion tiendra en main les balances de la justice, et le pays prononcera.

— Les journaux n'ont pas pu annoncer que M. Legóube, conseiller à la cour royale de Bourges, avait, comme tant d'honorables citoyens, refusé les fonctions de censeur dans le département du Cher.

— Les journaux du côté gauche, en annonçant la mort de M. Triozon Barba, juge à Issoire, n'ont pu ajouter, entre autres faits supprimés, qu'il était de cette jeunesse de 1789 dont l'enthousiasme, le dévouement et le courage avaient tout tenté pour la cause de l'humanité. Sous l'empire, ceci se serait compris. Dans un temps où des statues sont élevées à Georges Cadoudal, à Cathelineau, à Charette, c'est injuste et vexatoire. Dans un temps où les électeurs de Meaux peuvent se donner la joie de choisir pour mandataire M. de La Fayette, ce n'est qu'imbécile.

— La police poursuit par ses censeurs, sur la mémoire du duc de Liancourt, les persécutions qu'elle commença par des sbirres sur son cercueil. Dans le compte rendu d'une séance de la société de la Morale Chrétienne, ce passage d'un discours de M. de Broglie, président, a été mis à l'index.

« Si je me bornais à rappeler les vertus, les travaux, les services de M. de Liancourt, je craindrais de paraître reculer devant l'expression de sentimens autres que la reconnaissance, autres que l'admiration et les regrets, et qu'il me semble, dans le moment où je parle, entendre gronder sourdement dans tous les cœurs. Si je me livrais, au contraire, à l'expression de ces sentimens, je craindrais d'attirer imprudemment sur notre modeste société cette interdiction de faire le bien, arme nouvelle entre les mains de l'autorité, et dont celui que nous regrettons a été le premier frappé ; arme qui sera long-temps nouvelle, il

faut l'espérer; châtiment singulier dont l'homme de bien,
l'homme utile à ses semblables, le bon citoyen, est le seul qui
puisse être atteint; châtiment redoutable en même temps, puisqu'il a frappé bien douloureusement et peut-être sans retour
une ame que tant de fortunes diverses avaient jusque-là trouvée
inébranlable.

» Que ce soit donc assez de ce peu de mots jetés en passant :
il est des choses qu'il suffit d'indiquer, il est des noms qu'il suffit de prononcer. La place que M. de Liancourt, héritier et fon-
dateur tout ensemble d'un nom si glorieux, occupe, comme
ami de la liberté, dans les fastes de nos assemblées politiques ;
la place qu'il occupe, comme philosophe pratique, comme ami
éclairé de l'humanité, dans le cœur des gens de bien de l'un
et de l'autre hémisphère, n'est point de celles qu'on donne ou
qu'on enlève d'un trait de plume; et le culte rendu à sa mémoire, dans la chaumière du pauvre, dans l'atelier de l'arti-
san, sur le lit de douleur du malade, n'est pas non plus, grace
au ciel, à la merci d'un caprice. »

Il est à remarquer que la censure s'en prend surtout
aux ducs et pairs. Elle avait ici le plaisir d'en frapper
deux à la fois : le mort et le vivant, l'homme de bien
et son digne panégyriste. M. le duc de Broglie est, de
compte fait, le quatrième personnage revêtu de du-
ché-pairie, le cinquième membre de la chambre haute
que les censeurs osent soumettre à ce que M. de Bonald appelle *leurs jugemens*. Il ne faut pas s'en éton-
ner. Rien n'est niveleur comme les gens de congrégation et ceux de police : c'est pis que du peuple. Les
uns, se prenant pour des habitans du ciel, croient fou-
ler aux pieds, de là-haut, les illustrations de la naissance et celles du génie; les autres haïssent toute supériorité, en proportion de leur bassesse.

PROSCRIPTION DE LA BIENFAISANCE.

Le bon plaisir, institué au milieu d'un ordre légal,
et remis aux mains d'une coterie, ne sera pas seulement partial contre les gens de bien; il le sera contre
le bien même et contre la vertu.

— Les journaux ont pu rendre hommage à M. de
Rothschild de sa généreuse résolution de consacrer
500,000 florins à l'érection d'un hôpital pour les Is-
raélites de Francfort. Ils n'ont pu annoncer le sacrifice
fait par M. Népomucène Lemercier de droits d'auteur
pendant un an, en faveur des incendiés de l'Ambigu-
Comique.

— Cet académicien avait une pension de 1,200 fr. :
il en fait don aux pauvres de son arrondissement. Le
lendemain, le ministère la lui retire. La France ne re-
prit pas à M. le duc de Richelieu sa récompense nationale de 50,000 livres de rente, quand il abandonna
cette dotation aux pauvres de Bordeaux.

— *Le Constitutionnel*, en racontant les désastres
éprouvés par les jardiniers du cinquième arrondissement, lors du dernier orage, n'a pu ajouter l'humble
prière que je transcris :

Dans l'impossibilité d'adresser les secours à domicile, nous
ne doutons pas que M. Huteau-d'Origny, maire de cet arrondissement, ne trouve bon qu'on les dépose chez lui ou à la
mairie, rue Thévenot.

DIFFAMATION OFFICIELLE.

La passion ira intrépidement jusques à la calomnie,
et l'on verra le pouvoir propager le mensonge comme

il devrait le combattre, prêter aux diffamateurs son appui comme il devrait le prêter aux victimes.

Un journal avait encouru d'injurieuses accusations. Sous cette administration qui déclare que la véritable liberté commença le jour de la censure, il espère pouvoir se défendre ; mais la même autorité qui lui a interdit la publication de la défense sous le coup de poursuites légales, lui interdit aussi la réfutation publique de bruits lâchement accrédités par les feuilles même de la trésorerie. Ces lignes sont retranchées :

L'imputation dont nous parlons ne peut être qu'une niaiserie ou qu'une calomnie infame. Il n'y a rien à répondre aux niais ; quant aux calomniateurs, il nous semble qu'il nous est permis de leur donner un démenti. Nous l'interdire serait se rendre leur complice.

La censure n'a pas reculé devant cette déplorable complicité. Ses maîtres se sont constitués, à leur escient, calomniateurs. Le stygmate leur restera.

PROFESSION DE FOI DU CONSTITUTIONNEL.

Après tout ce qui précède, on sait trop bien quelle était cette dérision de Charte et de discussion libre, que *le Moniteur* avait présentée à la France Aussi est-ce moins pour constater l'oppression de la pensée publique, que pour prendre acte des principes contestés par le pouvoir, puisqu'il les étouffe, que je vous adresse, Monsieur, la profession de foi suivante, pour laquelle *le Constitutionnel* n'a pu obtenir le laissez-passer de la police. Ce morceau est remarquable par la sagesse des pensées, aussi bien que par la réserve des expressions. Il prouve, qu'on me permette de le dire, ce qu'il y a d'innocence aux publicistes de l'opposition d'accepter, pieds et poings liés, le cartel du ministère; il prouve mieux encore l'antipathie profonde de la faction dominante pour toutes les conséquences de la Charte et pour toutes ses doctrines.

CE QUE NOUS PENSONS.

L'organe officiel de l'administration a fait devant nous un appel à la liberté des discussions. Nous avons pris acte hier de cette ouverture; aujourd'hui nous allons en profiter. Dans la nouvelle carrière qui se présente pour les écrivains de l'opposition, sur le nouveau terrain où ils vont combattre sans l'avoir choisi, il n'est pas inutile de résumer, en quelques mots, leurs principes....

Nous pensons d'abord que le gouvernement doit être fort, et indépendant des partis, parce que rien n'est plus fatal aux peuples et aux trônes que la faiblesse qui laisse les gens de bien sans garantie sous une administration vacillante, que la dépendance qui ravit à l'autorité l'honneur du bien qu'elle accomplit, lui laissant toute la responsabilité du mal fait en son nom; mais cette force du gouvernement, nous en plaçons le principe dans la liberté des citoyens; cette indépendance, nous lui assignons pour limites la volonté de la loi. A nos yeux, l'administration la plus puissante est celle qui laisse le plus complètement aux citoyens le juste et entier exercice de leurs droits; l'état le plus libre est en même temps le plus stable et le plus florissant.

Appliquant ce dernier principe à la politique étrangère, nous pensons qu'une administration pénétrée du sentiment de ses vrais intérêst, doit préférer, pour ses alliances extérieures, les états où la liberté est instituée par la loi, attendu qu'il y a toujours à gagner dans l'union de ce qui est vital et organisé, et toujours à perdre dans une association avec ce qui est faible et sans lois certaines. Ainsi, en supposant qu'il fût question de choisir entre l'amitié de l'Espagne et celle de l'Angleterre, nous pensons qu'un ministère habile ne devrait pas balancer un seul moment, parce que d'un côté serait la puissance et la coopération énergique , tandis que de l'autre naîtrait une source infinie d'embarras et de dégoûts, et de continuels sacrifices, sans es-pérance d'une réciprocité possible.

Nous pensons qu'au premier rang des devoirs d'un ministère se trouve le maintien de la dignité nationale. Chargée du dépôt sacré de l'honneur du pays, l'administration ne doit jamais accepter des transactions, des actes, des paroles même qui pourraient faire supposer que la France n'occupe pas dans l'esprit de ses alliés le rang dont elle ne consentira jamais à descendre.

A l'égard de la liberté intérieure des citoyens, notre règle est dans la Charte , ouvrage d'un roi législateur, la seule , la véri-table boussole de l'état. Mais cette loi fondamentale, jurée par deux monarques, nous pensons qu'elle doit être exécutée avec bonne foi, dans le sens qui résulte naturellement de ses expres-sions, sans arrière-pensée, sans interprétations captieuses. Nous croyons que la Charte, ainsi appliquée, suffit à la liberté, à la prospérité de la France. Notre doctrine tout entière se trouve dans cette phrase célèbre du général Foy : « Celui qui veut plus » que la Charte, moins que la Charte, autrement que la Charte, » celui-là manque à ses sermens. »

Nous pensons en conséquence, et notre situation actuelle ne saurait nous interdire de le proclamer, que la liberté de la presse est inséparable du gouvernement représentatif; que cette liberté, toujours utile, l'est plus encore en l'absence de la tri-bune, parce qu'alors elle reste seule chargée du contrôle des actes publics, et que son asservissement, en pareille circon-stance, équivaut à un silence absolu ; silence qui peut procurer une trêve à une administration responsable, mais qui n'est sans inconvénient ni pour le trône, ni pour les libertés des citoyens.

La loi fondamentale ayant garanti la même protection à tous les cultes, nous ne pouvons admettre l'opinion des publicistes qui prétendent transformer cette parfaite égalité en un simple objet de tolérance. Nous pensons que c'est pour l'administra-tion , non-seulement un devoir, mais un intérêt, de tenir d'une main ferme la balance entre les diverses communions, afin qu'elles vivent en paix l'une à côté de l'autre, et que chaque famille suive avec sécurité la religion de ses pères. Nous pensons que toutes les lois qui tendent à rassurer les esprits sur la liberté des cultes doivent être scrupuleusement exécutées.

Nous pensons que la principale source des troubles et des discussions sur les affaires de religion, est dans l'opinion généralement répandue que les lois qui interdisent les communautés religieuses d'hommes ne sont pas complètement observées. A nos yeux, une administration qui permettrait la résurrection de certaines sociétés et congrégations, non-seulement s'exposerait à susciter des craintes, mais se créerait à elle-même une suite de difficultés sérieuses dont elle pourrait plus tard regretter les conséquences.

Le plus beau des droits que la Charte reconnaisse aux citoyens, c'est celui d'élire les mandataires chargés de participer au pouvoir législatif. Ce droit électoral, nous pensons qu'il doit s'exercer avec une complète indépendance. La dépendance qui serait imposée à cet égard aux fonctionnaires publics nous paraît contraire aux lois, et même à la nature des choses. En effet, s'il est vrai que ce soit comme citoyen et non comme fonctionnaire qu'un électeur vote dans son collège, ne doit-il pas déposer sur le seuil ses obligations envers l'administration, pour ne conserver dans l'intérieur que la libre inspiration de sa conscience, et le sentiment de ses devoirs envers lui-même, envers la société ? et ce que nous disons ici des électeurs, nous le pensons également des députés.

Nos sentimens envers la magistrature française sont connus. A toutes les époques, nous nous sommes reposés avec une entière confiance dans son impartiale équité. C'est par suite de ce même respect que nous estimons non-seulement irrégulière. mais funeste, toute intervention de l'administration dans la justice ; aussi jugeons-nous fâcheux, déplorables même, les conflits qui ont paru se multiplier récemment entre l'une et l'autre ; aussi devons-nous déclarer que tout acte ministériel qui paraîtrait censurer ou seulement improuver des arrêts rendus par les magistrats serait à nos yeux une faute grave, et même engagerait la responsabilité des dépositaires du pouvoir. Il n'y a point de liberté sans justice, ou plutôt la justice est la liberté même.

Nous pensons enfin que le premier devoir d'un ministère est de seconder tous les efforts qui tendent à accroître la gloire ou la richesse de la nation ; de décerner des récompenses aux hommes qui font faire un progrès aux sciences utiles, d'encourager l'industrie en courant au-devant de ses besoins, en lui frayant la route vers les perfectionnemens : de la favoriser par des réglemens sages, par des traités de commerce qui lui ouvrent des débouchés, par des instructions sévères données aux agens français résidant à l'étranger. Le premier devoir d'un ministère est encore de s'élever, dans la distribution de ses encouragemens, au-dessus des passions de parti, de ne voir dans ses faveurs que le prix des services rendus, que le bien et la prospérité du pays.

Respect à tous les intérêts, quelle que soit leur époque et leur origine ; obéissance absolue à la loi qui a reconnu ou fondé tous les droits civils et politiques en France ; réunion des partis par un oubli complet de tous les votes et opinions ; alliance de la France d'autrefois avec la France nouvelle ; propagation, par les moyens les plus sûrs et les plus rapides, de l'instruction parmi les classes inférieures de la société ; appel enfin à tous les talens, à toutes les lumières, pour concourir à la gloire et à la prospérité de l'État ; voilà ce que sollicitent tous nos vœux ; voilà les termes et les limites de notre opposition sous tous les ministères et dans toutes les circonstances.

Et qu'on ne se trompe pas sur l'honorable but de cette opposition ; la puissance de l'État, la splendeur et la dignité du trône, le bonheur et la sécurité des citoyens, tel est le but, triple dans son unité, poursuivi avec constance depuis quinze ans par *le Constitutionnel*, et sur lequel les passions seules du pouvoir ont pu se tromper. Toujours amis de la monarchie représentative, jamais il n'entra dans notre pensée d'attaquer, d'affaiblir l'autorité royale, qui est le principal ressort de cette monarchie, et qui devient si forte par la liberté des peuples. Ce que nous avons combattu, ce que nous combattrons tant que notre plume ne sera pas brisée, c'est l'abus du pouvoir ministériel, à nos yeux plus redoutable pour le trône que toutes les oppositions passées, présentes et futures. C'est ainsi que nous sommes restés à toutes les époques, et que nous reste- rons désormais dans les limites constitutionnelles, prenant pour guide notre conscience, et consolés de l'injustice de nos adversaires par la loyauté de nos intentions. (Rognure du *Constitutionnel.*)

Les pages qu'on vient de lire présentent dans la circonspection de leur langage l'enchaînement des principes auxquels la politique de l'administration fait la guerre ; cette politique est donc manifestement, dans le fond, la haine des intérêts existans ; dans la forme, la haine des lois régnantes. Aussi était-il facile de prévoir que les lois seraient hardiment violentées, dès que l'arbitraire aurait fondé son empire dans le sein même de la presse, c'est-à-dire dans les remparts et dans la citadelle de l'ordre légal. Nous allons voir qu'il est ainsi advenu.

AFFAIRE DE L'OPÉRA-COMIQUE.

Un théâtre vient de voir toutes les garanties mé- connues, toutes les barrières enfreintes. Il y a de la modestie au ministère d'avoir choisi les planches de l'Opéra-Comique pour ses débuts dans la route des 18 brumaire. La révolution que le théâtre de Favart et de Grétry a subie n'a pu être racontée par les feuilles publiques. L'avantage de la censure est d'avoir des coups-d'état à huis clos.

Les divers journaux avaient essayé de raconter les faits en ces termes affaiblis :

A Feydeau on se dispute, et on ne s'occupe nullement de monter des ouvrages nouveaux ; il n'est question que d'ordon-

nances, de règlemens, de dissolution de société, de pouvoir
absolu, de droits violés, de propriétés confisquées selon le bon
plaisir; enfin de tous ces éternels sujets de querelle entre le
peuple et les rois, entre les administrateurs et les administrés.
Ne comprendra-t-on jamais qu'en tout genre, et particulièrement en fait de théâtre, le public ne sera jamais bien servi que
par la liberté et la concurrence de l'intérêt particulier!

(Rognure du *Journal des Débats.*)

Le *Constitutionnel* a donné hier, avec quelque raison, le
nom de *lit de justice* à une séance extraordinaire dans laquelle
un puissant duc, revêtu de son uniforme d'officier-général,
paré des insignes de son grade et de son cordon bleu, ayant à
sa droite M. le directeur Guilbert de Pixérécourt, à sa gauche
M. le secrétaire de ses commandemens, à son ordre un Suisse
avec sa hallebarde, son baudrier et son épée, et tous ses valets
de pied en grande livrée, a reçu les comédiens et les comé-
diennes de Feydeau. Après une courte et sévère harangue pro-
noncée assis dans son fauteuil ducal, M. le duc a chargé son
chancelier de dire le reste, et, prenant la parole, M. le directeur de Pixérécourt a lu le reste, qui n'est pas peu de chose,
car c'est une ordonnance royale fort étendue à l'endroit des
sociétaires de Feydeau.   (Rognures du *Constitutionnel.*)

— Douze sociétaires du théâtre de l'Opéra-Comique, se prétendant blessés dans leurs droits consacrés par un traité de société, ont annoncé l'intention de se retirer (1), et déjà leurs
noms ne figurent plus sur les affiches du théâtre. Un mémoire
respectueux va être adressé par eux à l'autorité, qu'ils déclarent
avoir été surprise par des rapports infidèles et passionnés.

Si, comme nous devons le croire, il est permis de parler
d'affaires de comédie, qui, ce nous semble, n'ont aucun rapport avec les affaires d'état, nous ferons observer que les dispositions de la nouvelle ordonnance publiée par les journaux
sont destructives de droits acquis, et qu'elles ne portent pas ce
caractère de justice et de modération qui n'est pas à dédaigner
même dans les coulisses.

_____

(1) Onze de ces sociétaires publient une protestation ferme et conve-
nable qui annonce un factum circonstancié.

Nous nous rappelons qu'il y a dix-huit mois, *les sociétaires*
de Feydeau demandèrent des comptes de *société*, et qu'on leur
répondit que cela ne les regardait pas ; qu'en fait de compta-
bilité, ils devaient avoir une foi aveugle, et s'en rapporter à
la munificence et à la probité des gérans officiels. « J'ai sauvé
» l'Opéra - Comique ; montons au Capitole, et rendons grace
» aux Dieux. » Telle fut la fin de non - recevoir des Scipions
de comédie

Aujourd'hui, on tranche le nœud gordien : il n'y aura plus
de société, et on ne devra plus de compte. 'es sociétaires ne
sont plus des associés, ce n'est qu'un vain titre, qu'un hochet
de théâtre, que donne et retire le caprice. La république chan-
tante est soumise à une dictature dans le genre de celle d'Alger ;
on peut être *expulsé*, et quand on aura encouru la colère d'un
homme qui, s'il est au - dessus de la passion, n'est certaine-
ment pas au-dessus de l'erreur, on sera puni de la confiscation
de ses fonds de retenue, véritable propriété, aussi sacrée que
celle d'un champ ou d'une maison, puisqu'elle est prise sur le
produit du travail ; mais on sera même condamné à la confiscation de son talent ; on ne pourra jouer sur aucun théâtre de
France, chanter dans aucun concert ; on sera condamné à la
misère, à la soif, à la faim.

Nous n'ignorons pas qu'il est difficile de gouverner des états
comiques ; qu'il y faut plus qu'ailleurs une discipline sévère ;
mais la fermeté n'est point la violence, l'arbitraire n'est point
la justice. Si les comédiens ont des passions ardentes, des pré-
tentions exagérées, ce ne sont point des *parias*. On s'appitoie
justement sur le sort des nègres ; il faudrait ne pas traiter de
même des gens qui contribuent à nos plaisirs, qui sont hommes,
qui sont citoyens, qui sont aptes à être jurés, électeurs, et qui,
s'ils doivent être assujétis à des règles sévères dans leurs rapports avec le public, ont droit, dans la gestion de leurs intérêts
privés, à la protection commune.

Il y a dans les nouvelles dispositions dont ils se plaignent
quelque chose de colère, de sauvage, de brutal, qui n'est pas
dans les mœurs d'un pays policé.

(Autre rognure du *Constitutionnel.*)

L'ordonnance qui a fait tous ces bouleversemens, qui a renversé les droits acquis, brisé les contrats, détruit la propriété aux mains de ses légitimes dépositaires, sapé ainsi la Charte dans ses fondemens par mille endroits, cette ordonnance a envers la Charte un tort plus grand. Contre l'esprit et la lettre de la loi fondamentale, aucun contre-seing ministériel n'autorise cet acte. Il n'y a d'autre signature responsable que celle de l'un de messieurs les premiers gentilshommes de la chambre du Roi. Les coups d'état de cour succèdent ainsi aux coups d'état de cabinet ; et le régime des lois a vécu.

MORALITÉ.

Après le triste tableau qui vient de se dérouler à nos regards, ne nous étonnons pas de voir disparaître d'un journal, *le Constitutionnel*, cette maxime professée simplement à propos des innovations et des meurtres du sultan Mahmoud :

« C'est au moment des mécontentemens publics qu'éclatent les révoluions. »

Voilà qui est vrai et même banal depuis six mille mille ans. Le ministère suppose sans doute que biffer cette sentence dans une feuille publique suffit pour la refouler dans les trésors de la vengeance divine.

POLITIQUE DE LA FRANCE.

Vous avez besoin, Monsieur, de consolations et d'espoir. Voici venir la France.

Nous avons vu l'esprit de haine, de réaction, le sacrilège, le mensonge, la calomnie, le despect à la foi jurée, la haine des lois, le goût des bouleverse-mens, la proscription de l'industrie, de la civilisation et de la liberté. Nous allons voir sagesse, lumières, progrès, esprit public, tout ce qui perpétue et en-noblit les états.

PARTICULARITÉS SUR L'ÉLECTION D'ANGOULÊME.

L'élection d'Angoulême mérite de fixer les regards du pays, moins par la victoire qui l'a couronnée, moins même par l'heureuse alliance qui a rendu ce succès facile, que par la constance et les lumières qui ont présidé aux travaux préparatoires. Puissent tous les électeurs de France apprendre par ce modèle comment doit se livrer la bataille des élections pour être à coup sûr gagnée !

J'extrais d'une lettre authentique les détails qui suivent :

Dès que l'ordonnance de convocation du collège de départe-ment fut connue, quelques électeurs se réunirent afin d'aviser aux moyens d'exciter les citoyens indépendans de tous les can-tons à produire leurs titres justificatifs pour se faire maintenir sur les listes primitives qui devaient être affichées le 1er juin. On convint de publier un avis aux électeurs, et M. Thibaud, avo-cat, se chargea de la composition de cet écrit. Remarquable par le talent aussi bien que par la sagesse de la rédaction, cet avis fut répandu avec profusion dans le département, et les électeurs, payant 300 francs et au-delà de contributions, s'empressèrent de faire déposer leurs pièces à la préfecture.

Le souvenir des adjonctions illégales qui avaient eu lieu lors des élections de 1824, et des manœuvres employées pour écarter les citoyens qui avaient droit de voter, détermina MM. *Dulory,*

négociant, *Bourdin*, médecin, et *Gellibert*, à faire parvenir à
M. le Préfet une lettre, par laquelle ils le prévinrent qu'ils sur-
veilleraient avec soin la confection des listes, et qu'ils étaient
décidés à recourir à toutes les voies offertes par la loi, dans le
but de faire réparer les erreurs qui pourraient être commises.

Les listes furent affichées le 1er juin, ainsi que l'ordonnance
l'avait prescrit. On y remarqua le nom de quelques fonctionnaires qui, lors des élections précédentes, avaient voté, quoiqu'il fût notoire qu'ils ne payaient pas le cens voulu pour exercer
ce droit; mais connaissant les dispositions des électeurs qui
avaient adressé la lettre à M. le Préfet, se hâtèrent de réclamer
leur radiation. Le premier relevé, qui parut le 10 juin, conte-
nait la mention des arrêtés de M. le Préfet qui avait ordonné
leur retranchement.

Comme la position de ces fonctionnaires n'avait pas changé
depuis 1824, que leur fortune immobilière était restée la même
qu'aux dernières élections, le retranchement de leur nom sur
la nouvelle liste, fut pour nous la preuve matérielle qu'ils avaient
autrefois voté sans en avoir le droit.

Des renseignemens furent fournis de toute part à messieurs
Dulory, Bourdin et Gellibert. On se faisait un devoir de leur
signaler des électeurs mal-à-propos inscrits sur la liste, et après
avoir acquis la certitude que ces renseignemens étaient exacts,
ces trois citoyens courageux remirent à M. le Préfet une réclamation tendante à faire rayer les noms de quinze personnes,
parmi lesquelles figuraient plusieurs fonctionnaires et salariés
du gouvernement. En vain ils sollicitèrent M. le Préfet de leur
donner un récépissé de leur plainte, ou du moins un accusé de
réception; ils ne purent l'obtenir.

Il était important d'avoir la preuve que la réclamation était
parvenue à l'administration; aussi pour suppléer au récépissé
qui leur avait été refusé, les électeurs adressèrent une requête à
M. le Président du tribunal de première instance, afin d'obtenir
de ce magistrat une injonction à un huissier qui serait chargé
de notifier une nouvelle réclamation à M. le Préfet.

M. le Président crut devoir prévenir M. le Préfet de la démarche qu'on avait faite, et celui-ci, pour en éviter les suites,

écrivit aussitôt, officiellement, qu'il avait reçu la réclamation
de messieurs Dulory, Bourdin et Gellibert. Alors M. le Président rendit, au bas de la requête, une ordonnance qui déclara
qu'il n'y avait lieu d'accorder l'injonction, attendu que le but
que se proposaient les électeurs était rempli par la lettre que
leur avait adressée M. le Préfet.

La requête et l'ordonnance ont été enregistrées au bureau des
actes judiciaires, le 21 juin.

De nouvelles informations furent dirigées par les personnes
que l'on vient de nommer, dans la nécessité de signaler d'autres
personnes à l'autorité, comme ne payant pas le cens électoral.
Leur demande resta sans réponse, en sorte qu'il leur fallut employer la voie de la requête à M. le Président, et ils obtinrent
encore, par ce moyen, un accusé de réception, dans lequel
M. le Préfet dit qu'il aurait *tel égard que de raison* à la plainte
des électeurs.

Le troisième relevé fut affiché le 4 juillet, et l'on acquit la
conviction que M. le Préfet avait fait droit aux réclamations
qu'il avait reçues, puisque la plupart des personnes qu'on lui
avaient désignées étaient rayées en vertu d'arrêtés postérieurs
en date à ces réclamations.

Mais en compensation, un grand nombre d'électeurs payant
le cens voulu pour être du grand collège avaient été écartés à
défaut, par eux, d'avoir *justifié*, de sorte que la liste définitive
ne se composa plus que de deux cent vingt-cinq électeurs.

Le jour de l'ouverture du collège allait arriver. Cinq candi-
dats se partageaient encore les suffrages; M. de Chasteignier,
maire d'Angoulême, était soutenu par le ministère; M. de
Villeneuve, préfet de la Loire - Inférieure, par quelques
amis et le souvenir d'une administration sage et éclairée, pendant les trois années qu'il se trouva placé à la tête de ce département; M. Gellibert, par l'opposition de gauche; M. Delalot
enfin, par l'opposition de droite; M. Chauvelin comptait aussi
quelques partisans parmi les électeurs.

La censure n'avait pas permis aux journaux de parler de
M. Delalot; la brochure de M. de Châteaubriand parut; aussitôt M. Gellibert et quelques amis, guidés par un sentiment

de justice et de générosité que l'on a su apprécier, ont fait imprimer ce qui était relatif à ce candidat, et ont répandu les lignes du *Journal des Débats* avec une grande profusion.

Le 9, les premières opérations du collège commencèrent ;
les deux oppositions portaient au bureau définitif : M. le colonel Ganivet, Auguste de Martell, Philippe Dulau et Hennessy,
député de l'arrondissement de Cognac. M. Gellibert était dési-
gné comme secrétaire, mais seulement par l'opposition de
gauche. Il obtint soixante-deux suffrages. Le bureau provisoire
fut conservé.

Le succès de M. de Chasteignier paraissait assuré ; le président du collège avait déjà reçu des félicitations, lorsque tout
à coup, à dix heures et demie, on vint annoncer que les soixante-
deux électeurs qui avaient l'intention de voter pour M. Gellibert
ou M. Chauvelin, assemblés dans la maison de M. Thibaud, avo-
cat, venaient de décider qu'ils se réuniraient aux électeurs qui
votaient pour M. Delalot.

On ne saurait peindre le trouble que produisit dans les salons
cette nouvelle inattendue.

Le lendemain, 10 de ce mois, le scrutin s'ouvrit, et à quatre
heures les suffrages furent proclamés. M. de Chasteignier avait
obtenu soixante-une voix, M. Delalot quatre-vingt-une, M. de
Villeneuve vingt-quatre. Quelques voix s'étaient perdues sur
MM. Chauvelin et Kératry ; l'on avait annulé huit bulletins qui
ne portaient que le nom de M. Delalot sous la qualification d'an-
cien député. Sur la réclamation des électeurs, M. le président
répondit qu'il y avait vingt *boutiques* à Paris dont les enseignes
portaient le nom de Delalot. Ne pouvait-on s'exprimer avec
plus de décence et de dignité ?

Un incident avait précédé le dépouillement du scrutin. Un
M. *** était arrivé, en poste, de la Vendée pour voter. Un de
ses parens, qui était instruit qu'il ne payait pas le cens électoral, lui dit qu'il avait tort d'usurper un droit qui ne lui appar-
tenait pas ; il lui mit sous les yeux l'art. 258 du Code pénal,
qu'on avait eu soin de faire imprimer sur une feuille. M. le président du collège pensait que, puisqu'il avait une carte, il devait donner son suffrage : mais M. Auguste Martell, ayant dé-

claré que si M. de..... persistait à usurper le droit électoral,
il le dénoncerait au procureur du roi, il déposa sa carte sur le
bureau, et se retira en convenant qu'il ne payait pas le cens.

La nuit du 9 au 10 pouvait être employée par l'autorité afin
de ramener à M. de Chasteignier les voix des électeurs qui
avaient voté pour M. de Villeneuve ; des tentatives furent faites
dans ce but, mais elles furent vaines.

Le 10, les électeurs étaient de bonne heure au collège ; on
y vit arriver avec plaisir M. de Montleau, dont la démission
avait nécessité la convocation des électeurs, et que MM. Thibaud et Bourdin étaient allés prévenir la veille des chances
favorables à l'élection de M. Delalot. Sa présence rallia quelques électeurs.

A cinq heures le scrutin était dépouillé : M. de Chasteignier
n'avait plus que soixante suffrages, son concurrent en avait
obtenu cent treize. Celui-ci fut proclamé député du département de la Charente.

Le tableau qui vient d'être retracé a des côtés péni-
bles. Ici, de misérables artifices et des fraudes brutales:
c'est l'administration ; mais là, la franchise, le sang-
froid, la fermeté : c'est le pays. Aussi toutes les opinions se rapprochent et s'entendent pour combattre
un même ennemi sous le même drapeau, comme si
on avait affaire à des étrangers, à une invasion d'Ita-
liens du moyen âge, tant on reconnaît peu, à cette
guerre déloyale, à cette guerre faite sur la lisière de
la probité, sur la limite extrême des lois, une politique
originaire de France, et faite pour nous régir. Ceux
qui ont ainsi attristé le caractère national, ainsi compromis l'administration, ainsi placé la défiance et le
dégoût à la place du respect, la supercherie et le
mensonge à la place du pouvoir, ces grands coupables ne sont plus Français.

DISSOLUTION PROCHAINE. LISTES ÉLECTORALES.

Le bruit d'une dissolution prochaine se soutient , quoiqu'il paraisse positif que M. le comte de Corbière, frappé de l'élection de Mamers et de celle d'Angoulême , déclare qu'aucun nom ministériel ne sortira des urnes électorales. S. E. connaît le pays mieux qu'on n'aurait pensé.

M. le comte de Villèle persiste dans son projet de tenter ce coup d'audace. Ce sera son débarquement de Cannes. Il jouera quitte ou double.

Aussi la censure fait elle tout ce qui est en sa puissance pour empêcher la voix de l'opposition d'arriver jusqu'aux électeurs ; et de les occuper de la nécessité de se conformer au vœu des lois. Vous savez , monsieur, quelles légales invitations vous ont été interdites. Les autres journaux indépendans ne sont pas mieux traités.

— Il est de la prérogative constitutionnelle du roi de dissoudre la Chambre des députés, si le monarque jugeait utile à sa couronne et à la nation française d'en faire usage, quels regrets n'auraient pas les bons citoyens d'avoir négligé de remplir les formalités faciles que la loi leur impose, quand le prince les appellerait encore à concourir à l'élection de nouveaux députés !

— Le règne du Tourniquet, nous l'espérons, ne se reproduira pas. Au surplus, le 15 août n'est pas éloigné. Nous verrons bien.

— Que la chambre des députés soit dissoute ; ainsi que le bruit en court ; qu'elle ne le soit pas encore, cet ouvrage (le commentaire de M. Moreau de V. sur la loi du Jury, etc.) ne peut qu'être utile.

— Il importe aux citoyens de savoir quelle marche ils ont à suivre, quelles démarches ils doivent faire pour vaincre des

obstacles en quelque sorte personnels, et forcer certaines autorités de maintenir dans la jouissance de leurs droits d'électeurs
et de jurés ceux qu'elles seraient tentées d'en priver.

— Comme tous les citoyens n'ont pas une connaissance suffisante de ces matières, et qu'il importe non-seulement que les
droits de tous soient assurés, mais que les obligations de tous
soient remplies, il est à désirer que, dans chaque arrondissement communal, quelques amis de l'ordre et de nos institutions constitutionnelles se chargent d'éclairer leurs concitoyens,
surtout ceux des campagnes, sur les démarches qu'ils ont à
faire pour être inscrits sur la première ou la seconde liste ; il
faudrait même qu'au besoin des citoyens officieux acceptassent
les pouvoirs nécessaires pour remplir auprès de l'autorité toutes
les formalités exigées par les lois et les ordonnances. Une telle
mission n'aurait rien que d'honorable ; l'autorité locale ne pourrait qu'y applaudir, puisqu'elle aurait pour but de prévenir ou
de réparer des erreurs.

— Il vient de se former à Lyon un comité de consultation
gratuite pour l'exercice des fonctions du juré et des droits élec-
toraux.

— Malgré les diverses nuances sur l'application des principes,
toutes les opinions qui tiennent à la Charte n'ont pas hésité, à
Angoulême, à se réunir pour obtenir un choix indépendant.
C'est un noble et touchant exemple que ce sacrifice des doctrines particulières au triomphe du gouvernement représentatif.

(Rognures du *Constitutionnel.*)

On a fini par envoyer à la censure sans phrase et
sans commentaire l'article de la Charte qui consacre
la royale prérogative de dissoudre. L'intention secrète
de cette citation de la loi fondamentale a été devinée,
et l'article de la Charte a été impitoyablement biffé.
Qu'eussent-ils fait s'ils l'avaient tenue tout entière ?

De tous ces débris, curieux monumens des sollicitudes de la censure, sortent claires et incontestables
ces importantes vérités: le ministère a peur que le

bruit de la dissolution ne se propage ; il a peur que les
citoyens se rendent à l'appel de la loi ; il a peur que
les listes s'enrichissent de noms indépendans ; il a peur
aussi que partout s'entendent des oppositions, autrefois ennemies, maintenant voisines et alliées depuis
que leurs intérêts les plus chers, les Bourbons et la
Charte, ne sont plus en question parmi les sujets ; il a
peur qu'elles ne s'accordent pour porter sur les mêmes
champions toutes les voix, et assurer enfin des élections
véridiques. Faire voir ce que redoute le ministère ,
c'est indiquer assez ce que doit faire la France. C'est
indiquer ce qu'elle a fait déjà. Partout les citoyens
se pressent pour déposer leurs noms et leurs titres ,
pour acquérir le droit de déposer plus tard leur suffrage. Je reçois à l'instant des lettres qui me parlent
d'une ardeur semblable, entre ces citoyens paisibles,
à celle de soldats prêts à monter à l'assaut. Nulle province, nulle cité ne voudra rester en arrière. Qui ne
serait fier de penser que son vote contribuera quelque
jour à la délivrance de son pays ?

AFFAIRE DE *la France Chrétienne.*

Partout se prononce et s'étend ce tranquille et géné-
reux combat de l'intelligence contre la force, de la légalité contre l'arbitraire.

La France Chrétienne poursuit par les voies légitimes la réparation de l'attentat de MM. de la censure.
Des mercenaires qui tendent la main au salaire convenu
et refusent de remplir leur tâche obligée , des commis
qui concluent du devoir de faire au droit de s'abs-
tenir, des censeurs qui, dressés pour mutiler les jour-

maux, les tuent, qui institués pour réprimer l'abus abolissent l'usage, tout cela est tellement nouveau qu'il n'y a point de nom pour ces fatuités d'une tyrannie de si bas lieu. Par bonheur, si nous avons une police qui brave les lois, nous avons une magistrature qui les aime et les défend. Le fait suivant n'a pu être publié par les feuilles publiques :

M. le premier président Séguier a communiqué au parquet l'acte d'appel du rédacteur responsable de *la France Chrétienne* contre l'ordonnance de M. le président du tribunal civil, qui a refusé de commettre un huissier pour faire diverses sommations à la commission de censure. M. Dupuy, conseiller, a été chargé par la Csur de faire un rapport sur cette affaire. Elle s'en occupera dans la chambre du conseil.

(Rognure du *Constitutionnel.*)

Il est à remarquer que la censure, étonnée de régner sur la pensée, se croit décidément au-dessus de tous les pouvoirs. Le jour où elle vous refusa, Monsieur, les menottes et le boulet qui donnent aux journaux le droit de paraître et de circuler, le jour où vous fûtes réduit à ne donner à vos abonnés que des feuilles vides, et à taire qu'une ordonnance royale avait été signée la veille, que S. M. s'était donné le plaisir de la chasse dans une de ses forêts, les censeurs parlèrent de biffer en une autre occurrence jusqu'à votre titre même, c'est-à-dire une propriété qui a été fixée par la loi. Ils peuvent ainsi, par la même audace, supprimer tout entière la presse périodique qu'ils ne sont tenus que d'asservir ; on n'a pas vu encore les piqueurs de chiourmes s'arroger le droit de serrer le collier de fer jusqu'à ce que mort s'ensuive.

M. Dupin, à la demande de MM. les rédacteurs du

Constitutionnel, qui eussent mieux fait peut-être de combiner cette démarche avec tous les propriétaires de journaux, pour avoir plus d'ensemble et plus d'autorité, M. Dupin, a donné sur l'inaction meurtrière de la censure une consultation spirituelle et mordante comme tout ce qui vient de lui, mais qui ne me semble pas assez décisive. L'honorable jurisconsulte ne voit point moyen d'avoir raison de ces violences. S'il en est ainsi, quelle meilleure preuve de l'incompatibilité du régime de la censure avec celui de la légalité? Mais la conclusion serait douloureuse, et je pense qu'avertie d'un délit qui reste sans répression et sans châtiment, d'un délit contre la propriété privée et contre le droit public du royaume, la Cour royale peut s'assembler aux termes des lois et faire au ministère public commandement de poursuivre. Il me paraît douteux que le conseil d'État refusât une autorisation ainsi provoquée. Cette provocation même serait déjà une condamnation pour les coupables, et le scandale cesserait aussitôt. Attendre de la Cour cette généreuse résolution, n'a rien de téméraire. La magistrature s'est servie dix ans de son glaive, pour défendre et affermir l'autorité royale. C'était le premier de ses devoirs. elle l'a rempli. Elle remplit aujourd'hui le second, celui de protéger les libertés publiques qui embrassent avec espoir les autels de la justice. Donner asile à ces suppliantes, et les sauver, ce serait tromper une fois encore l'attente des factions ; car ce serait assurer à la France de longs jours de paix.

PRESSE NON PÉRIODIQUE.

Libre encore , la presse non périodique défend avec vigueur sa sœur captive. Le ministère a voulu imposer silence à l'animadversion qu'il inspire : grace à Dieu , on ne licencie point par un coup d'état la réprobation publique.

Le ministère n'a point droit au silence et ne l'obtiendra pas. Amis de la liberté de la presse, une centaine de citoyens, tous liés à la restauration par des services éprouvés , des affections connues., des offices plus ou moins éminens, se proposent de publier, tant que durera la censure , des brochures politiques tirées à quarante mille exemplaires et gratuitement distribuées. Un pays est heureux quand la polémique n'a ainsi pour interprètes que de vieux serviteurs de l'ordre et des lois, de vieux défenseurs du trône. Là , les révolutions ne sont plus à craindre ; là aussi, les réactions expirent aux pieds de la sagesse unie à la force, aux pieds de la constance appuyée sur le bon droit. L'aristocratie de France, et dans ce nom je comprends toutes les illustrations, toutes les puissances, le talent comme les dignités et les richesses ; l'aristocratie de France remplit merveilleusement sa tâche de conserver et de défendre. C'est elle qui soutient, depuis deux ans, le choc de toutes les passions subversives. C'est sur elle que la nation compte pour préserver du naufrage toutes ses destinées, et certes l'attente n'est pas trahie. Les premiers des fils de notre France combattent avec toutes leurs armes, pour une cause qui, par un étrange bienfait de nos adversaires, embrasse toutes les choses bonnes et grandes, les arts, les lettres, l'industrie, les nobles progrès, la piété intelligente, l'ordre, la liberté, la gloire !

Tout le monde sait que la première des publications que *les amis de la liberté de la presse* comptent faire, a paru depuis peu de jours. Le nom de M. le vicomte de Chateaubriand était écrit sur le frontispice, et marqué mieux encore dans le reste de l'ouvrage.

On parle de plusieurs autres associations qui se forment dans le même but, parmi des députés, des négocians, des littérateurs renommés. Les Enfans qui ont voulu que la nuit fût faite, périront dans des flots de lumière.

Nombre d'écrits distingués voient le jour en ce moment.

Une brochure de M. de Kératry vient de paraître. Ce sont ses admirables discours, avec des réflexions dignes de ce cortège.

M. Jay va publier aussi une brochure annoncée depuis plusieurs jours. Tout le monde voudra voir les hommes d'état que nous avons, mesurés par l'historien du cardinal de Richelieu.

M. Félix Bodin, dont le talent original se distingue par l'esprit et la vigueur, donne ce matin au public, sous le titre de *Malle-poste*, un pamphlet dramatique que tout le monde voudra lire.

Enfin M. Hyde de Neuville met sous presse un écrit sur la situation générale des affaires ; on l'attend avec impatience. Il y a plaisir à voir ces royalistes des mauvais jours traiter les franchises publiques comme l'autorité royale ; ils leur restent fidèles dans l'exil.

M. LE MARQUIS DE LA GERVAISAIS.

(DE LA PAIRIE. — DE LA CENSURE.)

Je suis naturellement conduit à vous parler, Mon- .
sieur, de M. de la Gervaisais, député de l'ancienne
Bretagne, et assurément l'un des cœurs les plus chauds,
l'un des esprits les plus décidés qu'aient comptés nos
assemblées. Cet honorable membre a publié à ma connaissance trois brochures depuis dix jours, sacrifiant
son temps et sa fortune à la chose publique, et portant dans tout ce que sa plume confie au papier cette
vivacité d'attachement à la Charte, dont le spectacle
est une consolation pour les défenseurs des libertés
françaises, et cette vivacité du mépris pour le ministère, qui est le meilleur châtiment d'un pouvoir assez
malheureux pour avoir soulevé de tels sentimens dans
de telles ames.

L'hommage que je rends à M. de la Gervaisais est
désintéressé; car dans un de ses écrits il dirige sur
moi un coup de boutoir fort immérité. Je n'imagine
pas comment l'honorable publiciste a fait son compte
pour me trouver sur son chemin en visant M. de
Villèle.

Je passe condamnation volontiers, Monsieur, sur
mes griefs, et vous emprunte l'analyse que vous auriez
publiée de l'un de ces opuscules, si la censure l'avait
permis. Les rigueurs de la censure ont ici encore le
triste avantage d'être une grande et curieuse révélation.

Dans une de ces utiles brochures qui suppléent au silence
des écrits périodiques, un des plus zélés serviteurs du roi,
M. de la Gervaisais, vient de discuter une grave et décisive
question. On a parlé depuis quelque temps d'un projet d'aug-

menter démesurément la Chambre des Pairs, et d'y introduire,
dans un but qui n'aurait rien d'équivoque, un grand nombre de
nouveaux membres. On a supposé que la reconnaissance engagerait des élus, aussi facilement improvisés, à favoriser de
leurs votes des projets qui n'auraient pas l'assentiment de la
majorité actuelle de la Chambre, et que par là cette majorité
se trouverait détruite ou entièrement déplacée. On a été jusqu'à
dire que les nominations à la première dignité du royaume, seraient les récompenses d'engagemens positifs contractés d'a-
vance au profit des ministres ; et qu'ainsi, par l'influence assu-
rée des dépositaires responsables de l'autorité sur le pouvoir
que la Charte constitue juge de leurs actes, cette responsabilité
deviendrait complétement illusoire.

Ces bruits ont circulé, c'est un fait incontestable. Il est juste
d'ajouter que, malgré l'espèce de consistance qu'ils ont ac-
quise, aucun journal ministériel n'a pris soin de les démentir.
Ce n'est donc encore qu'une hypothèse : soit, mais enfin cette
hypothèse n'est pas tellement dénuée de vraisemblance, qu'il
ne soit bon d'aller au-devant du moment où elle pourrait
devenir une triste et fatale réalité. C'est ce motif honorable
qui a engagé M. le marquis de la Gervaisais à prendre la plume
et à publier la brochure qu'il a intitulée simplement DE LA
PAIRIE.

Son épigraphe est on ne peut mieux choisie ; l'auteur l'a em-
pruntée à un discours prononcé dans la dernière session par un
noble pair, M. le marquis de Lally, séance du 20 juin. Nous
aimons à la reproduire textuellement : « Quant à l'inondation
» de nouveaux pairs, sans doute elle serait un grand malheur
» pour l'État ; mais elle serait en même temps un tel acte de
» folie, qu'on ne peut supposer un pareil dessein. »

M. de la Gervaisais répond victorieusement à l'argument
qu'on pouvait tirer de l'article 27 de la Charte, portant que le
nombre des pairs est *illimité* ; et il prouve jusqu'à l'évidence
que ce mot *illimité* doit être lui-même entendu dans des
limites fixées par le bon sens, par la dignité de la pairie, par
l'intérêt du trône, par les articles corrélatifs de la loi fondamentale.

» Le sens commun s'adresse d'une voix si claire et si forte aux consciences, qu'il dédaigne le plus souvent de s'exprimer par des signes matériels aux intelligences.

» Bien que la Charte ne s'explique nullement à l'égard de la dynastie, de la loi salique, de l'indivisibilité du royaume, nul ne s'est permis de supposer que ces maximes fondamentales eussent perdu de leur autorité.

» De même, bien que la Charte n'ait pas spécifié minutieusement que le nombre des pairs s'arrêterait à telle ou telle limite, que le choix des pairs s'effectuerait sous telles et telles conditions, on n'est pas en droit de prétendre que le nombre est indéfini, que le choix est arbitraire.

» Si la Charte a gardé le silence, c'est qu'une tradition immémoriale consacrait le mode de nomination à la pairie aussi manifestement que le mode de succession dans la dynastie; c'est que l'invention, l'institution de la pairie, porte en ellemême et ses limites et ses conditions : la fin commande les moyens.

» Il n'y a point de degrés dans l'absurde : la Chambre haute est aussi mal appropriée à contenir un monde de pairs que le trône à soutenir deux rois.

» La Chambre est destinée à protéger les libertés, à défendre la prérogative ; et le grand nombre, le faux choix tueraient sa puissance.

» La Chambre est appelée à concourir aux lois, à surveiller le ministère ; et, dans une cohue, dans une tourbe amassée au hasard, la sagesse est méprisée, la justice est méconnue.

» Il n'y aurait plus de liberté dans les votes si les pairs, constamment sous le coup des menaces, devaient se laisser aller à adopter des lois répugnantes, dans la crainte que leur titre personnel ne fût avili, ou que le salut public ne fût compromis par quelque introduction frauduleuse.....

» C'est-à-dire que le concours de la chambre haute à l'œuvre législative, que son contrôle à l'égard de la politique ministérielle, n'existent plus.

» C'est-à-dire que le ministère fait des lois au moyen de quelques ruses, de quelques douceurs envers l'autre chambre, et que le ministère fait la loi, tant au peuple délaissé par ses élus et privé de ses patrons, qu'au roi même, tenu dans les ténèbres et enchaîné d'un triple lien.

» C'est-à-dire qu'il n'y a plus de Charte; car elle était tout' entière dans le concours aux lois et le contrôle du pouvoir.

» L'application scandaleuse d'une ligne de l'article 27 aura suffi pour dessécher et consommer le principe vital de la Charte, pour mettre à néant ses préceptes, ses résultats, ses garanties.

» La nomination des pairs de France appartient au roi; leur nombre est illimité; » ainsi parle l'article.

» Ce sont des mots : quel en est le sens ?

» Les articles de la Charte ont été combinés, coordonnés dans l'esprit créateur, en telle sorte qu'ils s'expliquent ou plutôt s'expriment l'un par l'autre. L'organisation des deux chambres étant diamétralement contrastante, il devait y avoir opposition entre leurs bases respectives. Ainsi, suivant l'article 27, les pairs sont nommés par le roi, et, d'après l'article 35, les députés sont élus par les collèges : ainsi le nombre des pairs est illimité, et le nombre des députés reste comme il était.

» C'est relativement et comparativement avec le nombre fixe des députés que le nombre des pairs est illimité; car en prétendant saisir cette phrase dans le sens absolu, on arriverait à l'absurde.

» Encore la Charte ne s'est-elle pas reposée aveuglément ni sur la tradition des exemples monarchiques, ni sur les obligations de l'ordre constitutionnel. Si le respect pour la couronne a dû l'empêcher d'énoncer une restriction précise, son intention n'a pas craint de se manifester clairement.

» En effet, quand l'article 27 a déclaré que le roi peut varier les dignités des pairs, les nommer à vie ou les rendre hérédi-taires, l'article ajoute aussitôt : *selon sa volonté*. Mais après avoir établi que les pairs sont nommés par le roi, et que le nombre est illimité, l'article se garde bien d'employer la même formule.

» Or, ces mots sont significatifs : c'est selon sa volonté, suivant son opinion, d'après son idée, expressions à peu près synonymes', que le roi ou plutôt le ministère est autorisé à faire usage de la prérogative royale, sous le premier rapport, attendu que cet usage doit servir, doit suffire au maintien de l'influence de la couronne, sans que l'abus même pût compromettre le salut de l'État.

« L'article 71 porte une nouvelle lumière sur le vrai sens du dictionnaire de la Charte. *Le roi fait des nobles à volonté.* Est-ce assez marquant, assez frappant ? Le roi fait. — Un trait de plume suffit. — Le roi fait à volonté. — Des rames de papier sont sous sa main. Et cela devait être ainsi ; car cette faveur est souvent utile, jamais nuisible.

»*A volonté* dit plus encore que *selon sa volonté*. La latitude s'étend en raison inverse du danger ; et comme le danger existe au plus haut degré, quant à l'extension du nombre des pairs, ni l'un ni l'autre de ces mots n'est ajouté à la déclaration du droit.

» Voyez cependant quelle réserve est observée maintenant à faire des nobles, comme autrefois à faire des pairs ; voyez comment le ministère, convaincu du principe de la dégradation des dignités, vient ainsi reconnaître qu'un lâche intérêt serait seul capable d'induire à violer la Charte, à trahir la couronne, à perdre l'État. »

M. de la Gervaisais termine son intéressant ouvrage par des considérations générales qui en sont comme le résumé, et qui ne peuvent être trop méditées par les publicistes, par les membres des deux Chambres, par tous les Français jaloux de conserver les droits précieux qu'ils tiennent de la Charte, droits qui seraient pour jamais anéantis, si le projet désastreux combattu par l'auteur venait à se réaliser.

» En thèse générale, la pairie, le corps aristocratique, n'ayant que des privilèges à perdre, et n'étant point appelée à saisir le pouvoir, se refuse à troubler l'État, à renverser l'ordre légal.

» En France, la pairie ne possédant point d'intérêts en réalité, n'aspirant qu'à fonder son autorité royale, se prête à améliorer, à seconder les vues du bien public.

» En France, où les institutions ne sont pas consolidées,

l'avantage de faire passer les lois les plus utiles devrait encore céder à la nécessité de laisser prendre à la pairie un ascendant tutélaire.

» D'où il suit que toute nomination de pairs, au-delà d'un certain nombre, ne pouvant être suscitée que par l'ambition personnelle, constituerait deux attentats capitaux, le crime de haute trahison envers le roi, le crime de forfaiture contre la Charte.

» Et le double délit entraînerait les conséquences les plus fatales.

» Le choix des pairs parmi les évêques donnerait à croire que le sacerdoce s'est rendu tributaire des ministres, ferait retomber sur la religion tant de haines, tant de vengeances amassées contre eux.

» Le choix des pairs parmi les députés décèlerait à quel prix les ministres se sont approprié la jouissance de la majorité, dénoncerait vers quelles fins ils traîneraient la patrie épouvantée, au moyen des mêmes manœuvres.

» Tellement qu'un pareil complot ne peut se tramer, si l'honneur n'est perdu, si l'existence n'est compromise. »

La brochure de M. de la Gervaisais sur la censure, et celle qu'il vient de publier sous le titre de *Remontrances au Conseil de surveillance de la censure*, renferment des vues non moins fortes et sages. Je regrette de ne pouvoir plus transcrire.

C'est sûrement un progrès remarquable de l'esprit public que de si honorables plaidoiries en faveur de la grande cause de nos libertés. Rien ne prouve mieux combien la Charte a jeté de racines profondes dans les cœurs, combien elle a porté de conciliation dans les esprits. Elle n'aurait pas été puissante et inexpugnable tant qu'elle n'aurait pas eu des hommes comme M. de la Gervaisais pour desservans de ses autels, et, il est juste de le reconnaître, c'est au ministère qu'elle

a dû ses conquêtes. Ce ministère inhabile et malfai-
sant n'aura point d'autre titre au pardon des Français.

NOUVELLES.

— Les effets de la censure se marquent surtout,
Monsieur, dans les bruits ridicules que la crédulité,
que la sollicitude publique accueille et propage. Il
n'est pas de projets téméraires qu'on ne suppose pla-
cés par l'administration sur le voyage de Saint-Omer.
Ces rumeurs sont insensées. Le voyage dont des esprits chagrins veulent alarmer la France aurait, dit-
on, été contremandé, si nos rois savaient manquer à
leurs promesses. La fatigue d'une excursion aussi
longue, et celle des manœuvres militaires qui se suc-
céderont rapidement, ne peut être compensée que
par l'intérêt d'acquitter une bienveillante parole envers l'armée, fatiguée elle-même des embarras inévi-
tables d'un long campement. L'autorité d'ailleurs a
prévenu les populations sur toute la route pour qu'elles
pussent arriver à temps, et border la haie à leur roi,
en sorte qu'il y a de ces engagemens que nos princes
ne savent pas rompre. Mais le voyage aura peu de
durée, et ne sera un événement que pour tout ce qui
profitera des graces de la présence royale. Le cours des
destins publics n'en sera point influencé.

(*Communiqué.*)

— M. le duc de Fitz-James a refusé l'ambassade
d'Espagne. L'héritier du maréchal de Berwick eût été
personnellement bien placé auprès du trône de Philippe V. Le refus du noble duc est donc généralement
expliqué par des considérations politiques. Le ministère semble à tous les bons esprits bien âgé pour

des associations nouvelles, et cette révélation de la façon dont le jugent décidément les hommes d'honneur et de sens, paraît avoir produit dans le monde le plus élevé une impression profonde. L'esprit de la France pénètre ainsi de toutes parts dans ces hautes régions où Dieu n'a pas encore permis à nos prières de monter.

RÉSUMÉ.

Une femme d'esprit me disait ce soir, Monsieur, que la censure avait déjà produit un grand bien, celui de nous apprendre ce que le ministère a dans la pensée : c'est sa langue, c'est son truchement. Quand la France parlait, il ne savait nous instruire que de ses antipathies. Il nous révèle ses desseins dans le silence public, comme ces enfans stériles et muets de l'Asie, qui se font entendre en mettant la main sur la bouche de l'esclave qui veut prononcer une plainte ou une prière. Par ce qu'il nous empêche de dire, nous savons précisément ce que nos cris l'ont empêché de faire. Des années de liberté de la presse auraient passé sur la France sans qu'on fût parvenu à deviner tout ce que le cabinet contient de haines profondes pour le commerce, pour l'industrie, pour les classes moyennes, pour la petite culture, pour la division des propriétés, pour l'aisance et la sagesse de la bourgeoisie, pour la générosité des lettres, pour les vertus populaires des grands, pour les droits de l'illustration et les prérogatives de la gloire. Le chef du ministère aurait tenu la tribune toute sa vie sans trahir le secret de sa passion pour les ordres monastiques, les couvents, les abbayes

5

et leurs intérêts, leurs affections, leurs doctrines, leurs pratiques. En nous étouffant, l'administration se découvre et se livre. Elle n'a pas un mauvais penchant qu'elle n'ait déjà révélé ; les Français maintenant savent mieux que jamais pourquoi ils la réprouvent, pourquoi tout pacte est rompu entre elle et eux. Un système où il y aurait publicité des débats judiciaires, réfutation des calomnies, franchise des élections, que sais-je, liberté d'examen seulement dans les questions de richesse publique, ce système serait insupportable aux conseillers de la couronne. Par grand malheur, le pays n'en veut pas d'autre, et c'est pour cela précisément qu'est survenue la censure.

·La censure, établie avec de tels sentimens et pour le compte de tels desseins, ne pouvait être que ce qu'elle a été, extravagante de violence, et ses emportemens ne peuvent être que des préludes. Le ministère est un homme qui éteint les flambeaux pour qu'on ne le voie point courir aux abîmes.

Ce ministère aveugle ne fait pas une réflexion bien simple. Depuis qu'il y a des hommes, l'autorité des lumières a toujours conduit les états. Les théocraties antiques, loin de déroger à ce principe, l'établissent et le confirment. Les peuples anciens ne savaient pas qu'il y aurait de la lune tel jour, sans la proclamation de ses pontifes. Le pouvoir, au commencement des sociétés humaines, se fixe aux mains du sacerdoce, parce que là est la science, et la science s'y perpétue long-temps, parce que là est le pouvoir.

Parmi nous, où sont les richesses des arts, du savoir, du génie ? Qui peut revendiquer cette supériorité devant laquelle toute autre s'incline et s'efface ? la question est facile à résoudre. Le ministère a mis le talent contre lui. Il a contre lui la civilisation tout entière et tous ses défenseurs. Sa solitude tient du prodige, sa pénurie est fabuleuse ; or, marcher contre la civilisation, contre le talent, contre l'esprit, contre la gloire, cela ne se fit jamais, et la France n'est pas une terre bien choisie pour de telles expériences. Il fallait les tenter ailleurs.

N. A. DE SALVANDY.

Paris, ce mercredi 25 juillet 1827.

IMPRIMERIE DE H FOURNIER
RUE DE SEINE N 14

www.ingramcontent.com/pod-product-compliance
Lightning Source LLC
LaVergne TN
LVHW022022080426

835513LV00009B/837